archithese 6.2005 November/Dezember 35. Jahrgang Fr. 28.–

Titelbild: Plan Lumière, Hardturmviadukt, Zürich
(Foto: Georg Aerni)

D1729039

Planung in Zürich

Zürich ist die grösste Stadt der Schweiz. Ihre Einwohnerzahl – rund 360 000 Personen – mag im internationalen Vergleich geradezu vernachlässigbar erscheinen, für helvetische Verhältnisse ist sie beachtlich. Die Agglomeration Zürich, zu der heute 132 Gemeinden gehören, zählt über eine Million Menschen, was rund 15 Prozent der Schweizer Wohnbevölkerung entspricht. In Zürich gibt es fast gleich viele Arbeitsplätze wie Einwohnerinnen und Einwohner. Aus jeder zweiten Schweizer Gemeinde pendeln Menschen nach Zürich zur Arbeit. Als Wirtschaftsstandort, Verkehrsknotenpunkt, Standort von Universität und Hochschule, kultureller Hotspot und Ort internationaler Austauschbeziehungen ist die Stadt für die ganze Schweiz von entscheidender Bedeutung. Sie ist das Zentrum einer funktional zusammenhängenden Region, welche Gemeinde- und Kantonsgrenzen sprengt.

An dieser Diskrepanz zwischen funktionalen und politischen Grenzen krankt Zürich – zusätzlich zu den klassischen Problemen wie Verkehr, Wohnungsmangel, hohem Anteil an Unterstützungsbedürftigen und Kriminalität, mit denen fast jede europäische Kernstadt konfrontiert ist. In einem kleinteiligen, föderalistischen Land fällt die Umstellung auf den grossen Massstab schwer. Die Mehrheit von ländlich geprägten Kantonen im Ständerat sowie starke antistädtische Reflexe führen immer wieder dazu, dass der überregionalen Bedeutung Zürichs selbst dann nicht Rechnung getragen wird, wenn dies katastrophale Auswirkungen auf die wirtschaftliche Entwicklung der ganzen Schweiz hat. Ein Beispiel ist das Projekt für den Durchgangsbahnhof Löwenstrasse, welcher den hoffnungslos überlasteten historischen Kopfbahnhof erweitern und der Stadt einen besseren Anschluss an das europäische Transportnetz ermöglichen würde. Weil der Bund die Finanzierung weiterhin nicht gesichert hat und stattdessen Bauprojekte in peripheren Regionen unterstützt, wird gegenwärtig auf Kosten des Kantons gebaut. Ohne den Beitrag des Bunds kann das Projekt indes nicht fertig gestellt werden, dem «Schweizer Bahnherz» droht der Kollaps.

Stadtplanung in Zürich ist also nicht nur eine lokale Angelegenheit – doch das ist sie *auch*. In diesem Heft sollen daher sowohl spezifisch zürcherische als auch allgemeinere Fragen der Stadtplanung zur Sprache kommen. Ein geschichtlicher Überblick fasst die wichtigsten Ansätze zusammen, die Zürich in den letzten hundert Jahren geprägt haben. Die Chancen einer europäischen Metropolregion Zürich werden ebenso erörtert wie die neusten Entwicklungen im genossenschaftlichen Wohnungsbau. Ein Zürcher Architekt, ein niederländischer Stadtplaner sowie eine Vertreterin und zwei Vertreter des Hochbaudepartements kommen zu Wort. Und *last but not least* gibt es einen kritischen Blick auf Zürich West und Zürich Nord, wo zurzeit neue Stadtteile anstelle ehemaliger Industrieanlagen entstehen oder bereits entstanden sind.

Redaktion

Luftbild von Zürich Süd, 2003
Im Vordergrund ist die ehemalige Sihl-Papierfabrik zu sehen, an deren Stelle heute Sihlcity entsteht
(Foto: Ralph Bensberg)

Urbanisme à Zurich

Zurich est la plus grande ville de Suisse. Combien compte-t-elle d'habitants? En gros 360'000? Ce nombre, qui peut paraître négligeable sur le plan international, est élevé à l'échelle suisse. L'agglomération à laquelle appartiennent 132 communes compte plus d'un million d'habitants, soit 15% de la population suisse. A Zurich, le nombre de places de travail est presque aussi élevé que le nombre d'habitants. Les pendulaires proviennent d'une commune suisse sur deux. En tant que centre économique, plaque tournante des transports, siège de l'Université et de l'Ecole polytechnique, lieu d'échanges culturels de haut niveau et lieu de rencontres et d'échanges internationaux, la ville est d'une importance déterminante pour toute la Suisse. Elle est le centre d'une région dout le fonctionnement s'étend au-delà des frontières communales et cantonales.

Zurich souffre-t-elle de ce décalage entre frontières délimitées par son fonctionnement et frontières politiques qui vient s'ajouter aux problèmes classiques, tels que les problèmes de circulation, de pénurie de logements, de pourcentage élevé de personnes assistées et de criminalité, auxquels presque chaque ville d'une certaine importance est confrontée en Europe? Le changement en direction de la grande échelle ne se fait pas sans peine, dans un pays fédéraliste morcelé.

Une majorité de cantons à caractère rural au Conseil des Etats, ainsi que de très forts réflexes anti-urbains font qu'aucune importance n'est accordée à la signification suprarégionale de Zurich, même lorsque cela a des effets désastreux sur le développement économique de toute la Suisse. La gare de transit de la Löwenstrasse en est l'exemple. Elle devrait conduire à l'agrandissement de la gare en cul-de-sac, surchargée, et permettre un meilleur raccordement au réseau ferroviaire européen. Le projet se réalise sur le dos du canton, car la Confédération n'en a jusqu'à présent pas assuré la garantie financière. Elle soutient par contre des projets de construction dans des régions périphériques. Le projet ne peut pas être achevé sans la contribution de la Confédération. Le centre névralgique des chemins de fers menace de s'effondrer.

La planification en ville de Zurich ne relève donc pas uniquement de considérations locales, même si elle peut également en revêtir l'aspect. C'est la raison pour laquelle ce numéro aborde à la fois des questions spécifiquement zurichoises et de questions d'ordre plus général. Un survol historique évoque les impulsions les plus importantes qui ont marqué la ville de Zurich au cours des cent dernières années. Les chances d'une région-métropole européenne du nom de Zurich sont mentionnées, au même titre que les derniers développements dans le domaine des coopératives d'habitation. La parole est donnée à un architecte zurichois, à un urbaniste néerlandais, de même qu'à trois représentants du service des constructions. Un regard critique est finalement posé sur Zürich-West et Zürich-Nord, où de nouveaux quartiers ont été achevés ou sont en voie d'achèvement à l'emplacement d'anciennes installations industrielles.

La rédaction

Le nouveau stade Hardturm de Meili, Peter – un projet ambitieux
(image: Meili, Peter Architekten)

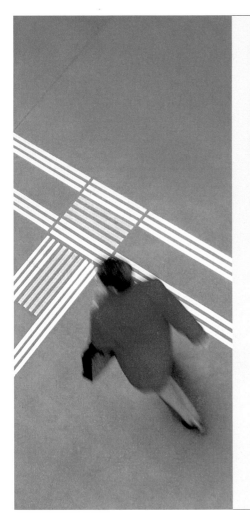

Innovative Erfolgsgrundlage: WALO-Bodenbeläge.

Alle WALO-Industrieböden und Decorbeläge haben eins gemeinsam: Sie sehen auch nach einem langen, harten Leben gut aus. Ansonsten geben sie sich betont individuell: Gummigranulatsysteme oder Natursteinteppich? Hartbetonbelag oder Kunstharzsystem? Einsatz im Neubau oder bei Sanierungen? Nutzung drinnen? Verwendung draussen? Die innovativen WALO-Bodenbeläge passen sich massgeschneidert an Ihre Baupläne und Design-Wünsche an.

Walo Bertschinger AG
Industrieböden und Decorbeläge
Postfach 7534, CH-8023 Zürich
Telefon +41 44 745 23 11
Telefax +41 44 740 31 40
industrieboeden@walo.ch, decorbelaege@walo.ch
www.walo.ch

WALO

Walo Bertschinger

 Deutsche Messe AG
Hannover · Germany

Treffpunkt für Architekten und Innenarchitekten

com
contractworld
www

contractworld
Hannover, 14. – 17. 1. 2006

Das Forum für den intensiven fachlichen Austausch:
International renommierte Architekten, Innenarchitekten und Planer referieren im contractworld.congress zu den Themen Office, Hotel und Shop. Ergänzt wird das Programm durch Fachkonferenzen zu aktuellen Themen wie Health & Care und Neue Materialien in der Architektur. Erleben Sie innovative Produkte objektorientierter Aussteller sowie die prämierten Projekte des contractworld.award 2006.

Peter Eisenman
New York

Bernard Tschumi
Paris – New York

Prof. Dietmar Eberle
Lochau

Die Teilnahme am contractworld.congress und an den Fachkonferenzen ist im Eintrittspreis zur contractworld enthalten (Tagesausweis: 18,50 €). Das vollständige Programm, weitere Infos und Anmeldung unter

www.contractworld.com

Riken Yamamoto
Yokohama

So einfach kann Vielfalt sich äussern.

Bei Bigla office ist Vielseitigkeit Programm. Das beginnt bei der Auswahl der Griffe – und führt weiter zum mühelosen Kombinieren der einzelnen Module. Mit einigen wenigen Handgriffen passen Sie Ihre Möbel ganz einfach Ihren aktuellen Bedürfnissen an. Und verfügen dadurch jederzeit über maximale Mobilität. Das elegante Design, beste Qualität und ein überzeugendes Preis-Leistungs-Verhältnis sorgen zusätzlich dafür, dass sich immer mehr Unternehmen für Organisations- und Tischsysteme von Bigla office entscheiden.

www.bigla-office.ch

Leserdienst 132

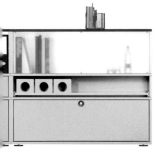

Ihre klare Linie.

bigla
office

Einsichten.

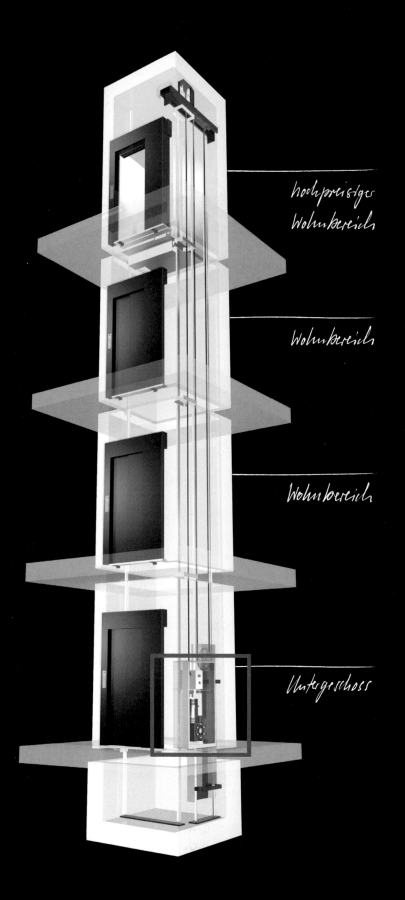

hochpreisiger
Wohnbereich

Wohnbereich

Wohnbereich

Untergeschoss

Der *Winner*© bietet

planerische Freiheit.

Durch die beliebig

positionierbare

Antriebs- und

Steuerungseinheit

lassen sich potenzielle

Emissionsquellen

dort platzieren,

wo sie niemanden

beunruhigen.

 **AS Aufzüge**

www.lift.ch

Leserdienst 143

Zürcher Stadtplanung aus der Sicht von Politik und Verwaltung Wie wird in Zürich geplant? Und wie könnte, wie sollte in Zürich geplant werden? Welche Lehren hat man aus den Erfahrungen der letzten Jahre gezogen? Kathrin Martelli (Stadträtin von Zürich und Vorsteherin des Hochbaudepartementes), Franz Eberhard (Direktor des Amtes für Städtebau) und Peter Ess (Direktor des Amtes für Hochbauten) im Gespräch mit Hubertus Adam, J. Christoph Bürkle und Judit Solt

GROSSSTADT UND FÖDERALISMUS

Als grösste Schweizer Stadt, Wirtschaftsstandort, Verkehrsknotenpunkt und Zentrum internationaler Austauschbeziehungen hat Zürich überregionale Bedeutung. Daher wäre es sinnvoll, wenn hier städtische, kantonale und nationale Standortentwicklungspolitik koordiniert werden könnten (Beispiele: Bahnhof Löwenstrasse, Flughafen). Gibt es derartige Ansätze? Wo liegen die Schwierigkeiten?

Martelli: Ich stelle den Föderalismus an sich nicht in Frage. Er ist ein gutes Modell für die Schweiz, aber er ist verbesserungswürdig, und das hat etwas mit dem Thema Grossstadt zu tun. Solange die Stadt Zürich wie eine von 121 Gemeinden im Kanton Zürich behandelt wird – und das wird sie immer wieder –, bedeutet das grosse Mängel. Diese sind im Verständnis der Problematik Grossstadt spürbar, aber auch in der Raumplanung, wo jede Ebene für sich denkt; und sie machen sich natürlich bei der Finanzierung ganz stark bemerkbar.

Dass die Stadt Zürich sich jetzt bei Bund und Kanton stärker Gehör zu verschaffen sucht, ist wichtig, und wir werden dieses Engagement professionalisieren – bis hin zu der Überlegung, ob wir nicht auch einen offiziellen Lobbyisten oder eine offizielle Lobbyistin in Bern benötigen, wie sie andere Interessensverbände, Kantone oder Gemeinden sehr erfolgreich einsetzen.

Die zweite wichtige Frage ist die des neuen Finanzausgleichs. Stadt und Kanton haben sich sehr fair gegenüber dem Bund verhalten, indem sie dem neuen Finanzausgleich zugestimmt haben. Unsere Politiker müssen jetzt auf Kantons- und Bundesebene darauf achten, dass kein Anti-Zürich-Reflex einsetzt. Das wird auch hinsichtlich Planungs- und Infrastrukturfragen sehr entscheidend sein: Wenn beispielsweise die Finanzierung des Bahnhofs Löwenstrasse noch einmal verschoben wird, dann handelt der Bund in grob fahrlässiger Manier gegen die Interessen seiner Grossstadt und seines wirtschaftlichen Motors.

Sie sagten, Sie seien grundsätzlich zufrieden mit dem föderalistischen Modell, könnten sich aber gewisse Änderungen vorstellen.

Martelli: Mit dem neuen Finanzausgleich wird versucht, Städte und Gemeinden besser in das neue Finanzierungsmodell einzubinden – das ist ein erster wichtiger Schritt. Ein nächster Schritt besteht darin, ein weiter gehendes Verständnis für Raumplanung zu entwickeln. Ich habe einige Male provokativ gesagt, und ich wiederhole das auch gern, dass die Städte in der Schweizer Raumplanung nicht existieren. Es gibt jetzt Bestrebungen, etwas zu ändern; aber ob das gelingt, ist unsicher.

Eberhard: Es geht um ein Entwicklungsleitbild für metropolitane Räume, ein wichtiges Thema, das wir zusammen mit einem Netz von Städten weiterentwickeln wollen. Bisher wurden immer einzelne Städte, Kantone oder Gemeinden berücksichtigt und nicht ganze Regionen. Die Regionen müssen aber – wie auch die Arbeit des ETH Studio Basel zeigt – mehr Bedeutung erhalten; was natürlich auch heisst, dass die Kantone gewisse Kompetenzen abgeben müssen. Es gibt erste positive Resultate: Kathrin Martelli ist Präsidentin der RZU, die im letzten Jahr mit grossem Erfolg eine kooperative Planung durchgeführt hat. Kantonsräte, Gemeinderatspräsidenten, Stadt und Interessensgruppen haben eine Vorstellung von der Region Zürich erarbeitet. Im Übrigen hat sich die Zusammenarbeit zwischen Stadt und Kanton in Fragen der Stadt- und Verkehrsplanung verbessert, wie das Beispiel Stadttunnel beweist.

Was könnte ein verändertes Leitbild ganz konkret bedeuten?

Eberhard: Es könnte zum Beispiel bedeuten, das gesamte Limmattal als städtebauliche Einheit zu betrachten – so, wie wir städtebauliche Studien über Zürich Nord und Zürich West erarbeitet haben. Zu untersuchen wäre der gesamte Raum zwischen dem Hauptbahnhof und Spreitenbach – in Anlehnung an das RZU-Verfahren. Städtebau, Verkehr und vor allem auch Landschaft müssten analysiert werden.

Städtische Dichte

In Zürich ist es fast nicht möglich, durch Bauen in die Höhe zu verdichten: Die zusätzlich gewonnene Nutzfläche muss mittels vermehrter Freifläche in der Umgebung kompensiert werden. Diese Beschränkung der baulichen Dichte, die Anfang des 20. Jahrhunderts durchaus sinnvoll war, ist heute fragwürdig: Durch die steigende Wohnfläche pro Person nimmt die Bewohnerdichte ohnehin schon ab.

Ess: Das stimmt so nicht. Wir haben Instrumente und Verfahren, um Verdichtung im städtebaulichen Kontext durchzusetzen, und wenden diese auch an – ob in Zürich Nord oder Zürich West. Unser Problem besteht darin, dass wir zwar städtebaulich festlegen können, was an Verdichtung möglich ist, dass wir aber mit Grenzen der Lärmbelastung, der Umweltbelastung und des Verkehrssystems konfrontiert werden, welche die städtebaulichen Initiativen konterkarieren. Umweltschutz- und Raumplanungsgesetzgebung hebeln sich zum Teil gegenseitig aus: Wenn man verdichten will, kommt man mit dem Städtebau schnell an die Grenzen.

Eberhard: Wir sehen uns in der Stadt Zürich eher mit dem Problem konfrontiert, dass die Ausnutzung sogar zu hoch angesetzt ist. Zumeist liegt die Ausnutzung um zwei bis drei Geschosse, also etwa fünfzig Prozent höher als der heutige Stand. Bei Neuplanungen in Quartieren sind deshalb Gegenreaktionen absehbar, die aus dem gefühlten Verlust an Identität resultieren. In Letzi oder Schwamendingen versuchen wir, im Rahmen der Gebietsplanung mit den wichtigsten Initiativen und *pressure groups* zu kooperieren, damit Qualität und Identität in Einklang gebracht werden können.

Damit kommen wir wieder zum föderalistischen System zurück. Die Umweltgesetzgebung des Bundes ist überall gleichermassen gültig – ob in Effretikon, Zürich oder in Vrin. Das ist meiner Meinung nach unter Aspekten der Nachhaltigkeit und Wirtschaftlichkeit (beispielsweise der Auslastung von Infrastrukturen) unsinnig. Wenn man in der Stadt Zürich oder in einer anderen städtischen Agglomeration lebt, dann muss man eben etwas mehr Lärm ertragen – dafür gäbe es dann Regionen, in denen die Grenze für Lärmemissionen niedriger wäre. Mit diesen Problemen sind wir konfrontiert und nicht damit, dass wir nicht das richtige Mass an Verdichtung finden.

Zürich Nord und Zürich West: finale Planung versus Entwicklungsstrategie

Im Zusammenhang mit der Entwicklung von Zürich West wird immer wieder die Kritik laut, dass die Planungen auf den einzelnen Arealen zwar teilweise gelungen sein mögen, dass es aber wenig überzeugende räumliche Verbindungen zwischen den einzelnen Planungsperimetern gibt. Zürich Nord wiederum verfügt über grosszügige öffentliche Aussenräume, doch die Strassen sind abends oft ausgestorben, und es gibt kaum öffentliche Nutzungen im Erdgeschoss. Kann man städtisches Leben überhaupt planen?

Eberhard: Die letzte Frage ist die beste. Zürich Nord ist eine sozusagen finale Planung, bei der von Anfang an alles fixiert war. Der Gestaltungsplan mit seinen Festlegungen wurde 1998 beschlossen; vor zwei oder drei Jahren haben wir begonnen, die Fixierungen zu lösen, von denen es zu viele gibt. Das betrifft auch die Erdgeschossnutzungen.

In Zürich West haben wir uns gegen eine finale Planung entschieden, indem wir lediglich zehn Grundsätze festgelegt haben. Mit dieser Strategie wird man der Identität dieses Quartiers eher gerecht, denn Zürich West bestand seit jeher aus einzelnen Inseln. Homogenisierende Layouts, wie etwa die Vorstellung einer romantisierenden Stadt, wollten wir nicht auf das Planungsgebiet applizieren. Grundprinzip für die Planung von Zürich West ist eine Planung mit Spielräumen. Ein weiterer Unterschied ist, dass wir in Zürich West die Frage der Identität früher zum Thema gemacht haben – was uns, glaube ich, zum Teil gut gelungen ist. Die Turbinenhalle zum Beispiel konnte erhalten werden, trotz des Gestaltungsplanes, der noch einen Abriss vorsah.

Martelli: Bei der Kritik an den Erdgeschossnutzungen handelt es sich um einen berechtigten Einwand, und wir lernen aus früheren Fehlern. In Neu-Oerlikon ist es wirklich daneben gegangen. Das Leitbild forderte etwas anderes; konkrete Festschreibungen erfolgten jedoch nicht, weil man die zukünftigen Nutzer nicht kannte. Wir verhandeln aber mit den jetzigen Nutzern, denen zum Teil auch klar ist, dass hier Handlungsbedarf besteht. Ich glaube, es gibt dort eine reale Chance nachzubessern. Und wir haben gelernt, dass wir zukünftig andere Festlegungen treffen müssen. Beim Löwenbräu-Areal beispielsweise haben wir die öffentliche Nutzung der Erdgeschosse im Gestaltungsplan festgeschrieben. Wir wissen, dass dies für die Akzeptanz eines neuen Stadtteils von erheblicher Bedeutung ist. Die Kritik an Neu-Oerlikon besteht meistens in einer zu starken Grösse und Dichte, obwohl Neu-Oerlikon städteplanerisch keineswegs verdichtet ist, sondern eher luftig. Aber die Bevölkerung muss auch einen Quantensprung nachvollziehen, wie er sich von W3 auf W5 ereignet.

Erweiterung Tramdepot Hard, geplanter Baubeginn: Ende 2007; geplante Inbetriebnahme: Anfang 2010

Das Projekt umfasst ein neues Tramdepot im Erdgeschoss, darüber eine öffentliche Freifläche mit Sicht auf die Limmat und quartierbezogenen städtischen Nutzungen (Büro und Krippe) sowie ein ca. 93 m hohes Wohnhochhaus. Die 203 Wohnungen sind mehrheitlich gross (4,5 oder 5,5 Zimmer), daneben gibt es Klein- und Alterswohnungen. Die Tiefgarage zählt 185 Parkplätze.

Bauherrschaft: Stadt Zürich (VBZ, IMMO, LV), vertreten durch das Hochbauamt; Architektur / Generalplaner: Theo Hotz AG

Umgang mit der historischen Substanz

In Zürich Nord wurde die Mehrheit der bestehenden Industriebauten durch Neubauten ersetzt, in Zürich West wurden einzelne Objekte erhalten, aber in einer Form, in der sie ihren ursprünglichen Charakter vollständig einbüssen. Wäre es nicht möglich gewesen, mehr von der bestehenden Substanz zu sanieren und die provisorischen Nutzungen, wie sie heute etwa im Maag-Areal existieren und welche dem Quartier seine Unverwechselbarkeit geben, zu behalten?

Eberhard: Wir haben in den letzten Jahren sowohl in Zürich West als auch in Zürich Nord verstärkt kooperative Verfahren durchgeführt. Das Maag-Areal ist ein gutes Beispiel: Anfangs hätte man alles abreissen können. Über gegenseitige Wertvermittlung sind wir dann zu einem anderen, sehr guten Resultat gekommen. Auch bei der weiteren Planung für Zürich Nord werden jetzt wichtige Bauten erhalten, und wir arbeiten deutlich intensiver mit der Denkmalpflege zusammen als noch vor einigen Jahren.

Ess: Ich glaube, man sieht die Planung in Zürich West oder Zürich Nord häufig als viel zu statisch. Man muss sich jedoch vergegenwärtigen, wann die grundlegenden Entscheide gefallen sind. Die Übereinkunft der sieben Grundeigentümer in Zürich Nord mit der Stadt ist schon 1988 zustande gekommen, 1992 fiel die Entscheidung im Wettbewerb. Auch damals gab es schon Vorschläge für sukzessive Entwicklungsszenarien, die aber von den Eigentümern abgelehnt wurden. Im Wettbewerb mussten die Teilnehmer zeigen, wie das Gebiet nach zehn und nach 25 Jahren aussähe. Aber das Gebiet präsentiert sich schon heute, also zehn Jahre später, so, wie es bezogen auf einen 25-jährigen Planungshorizont dargestellt wurde. Die Dynamik der Entwicklung war erstens nicht vorhersehbar – und zweitens hat die Tabula-rasa-Vorstellung der damaligen Werthaltung entsprochen.

Eberhard: Dass wir heute in Zürich West anders vorgehen, hat etwas mit dem Wandel der Werthaltung zu tun, sowohl auf Seiten der Investoren als auch auf Seiten der Stadt. Die damaligen Festsetzungen sind natürlich Rahmenbedingungen, mit denen wir uns auseinander setzen müssen. Ich denke aber, dass genügend Kristallisationspunkte für urbanes Leben vorhanden sind und die Lage in weiteren zehn oder zwanzig Jahren ganz anders aussehen wird. Zürich Nord war auch ein Experimentierfeld, das nun seine positiven und negativen Seiten zeigt. Natürlich kann man vieles auch anders machen – aber manches ist vorbildhaft. Der Umgang mit dem öffentlichen Raum, die gezielte Schaffung der neuen Parks, wird europaweit beachtet.

Seither haben wir zwölf bis fünfzehn weitere Gebiete entwickelt, und im nächsten Jahr wollen wir in einer Ausstellung unsere Anliegen der Öffentlichkeit vorstellen. Wir haben eine räumliche Entwicklungsstrategie für die Stadt Zürich, die darin besteht, dass Zürich verschiedene «Zimmer» hat: Jedes dieser Gebiete hat spezifische Merkmale, einen eigenen Charakter, den es zu stärken gilt. Die Identität von Zürich West, um auf dieses Beispiel zurückzukommen, basiert nicht auf einer romantischen, heilen Welt. Es ist ein raues Quartier. Ich bin stolz, dass die Turbinenhalle erhalten und nicht das als Alternative vorgesehene Hochhaus auf der grünen Wiese realisiert wurde. Die Halle mag jetzt noch überdimensioniert sein, aber das Quartier ist stark in Entwicklung. Die neuen Aktivitäten entstehen schrittweise. Die Umnutzung der Toni-Molkerei ist ein weiteres gutes Beispiel für die Entwicklung von Zürich West.

Martelli: Ich halte das Leitbild in Zürich West mit der schrittweisen Entwicklung für sehr gut. Das Wesentliche, das wir im Leitbild festgelegt haben, stimmt nach wie vor. Darum bin ich auch eine Verfechterin des neuen Hardturmstadions. Es stimmt in seiner Grösse, es befindet sich am richtigen Ort, es hat die richtige Nutzung. Aber es ist konzipiert auf die nächsten zehn oder zwanzig Jahre – wie auch Puls5, der im Augenblick noch schlecht ausgelastet ist. Und ich finde es schade, dass die Giessereihalle nicht sichtbar ist. Eigentlich sollten das Alte und das Neue mit einer transparenten Fassade zusammenspielen.

Ess: Die schrittweise Entwicklung mit einem klaren Leitbild seitens der Stadt funktioniert gut, und das hat seine Gründe. Die Investoren haben auch Interesse daran, gut zu bauen. Wenn gesamtheitliche, über ein ganzes Gebiet formulierte Überlegungen schon vorhanden sind und sie sich bei der Entwicklung ihres Projektes daran orientieren können, ist das eine enorme Hilfe. Das nehmen sie in der Regel auch so wahr. Sie beklagen sich nicht, dass sie diese oder jene Vorgabe berücksichtigen müssen, sondern sind dankbar, dass die Stadt als Partnerin eine ganzheitliche Strategie hat. So kann sich jeder auf sein eigenes Projekt konzentrieren und dieses in den gegebenen Rahmen implementieren. Dieser Ansatz ist für mich äusserst Erfolg versprechend.

Auf dem Weg zur Metropole

Vielleicht fehlt es Zürich West auch deshalb an städtischer Atmosphäre, weil das Leitbild zu viel zulässt: Zürich West ist Peripherie, Wohngebiet, altes Industriequartier in einem.

Martelli: Das ist auch eine planungspolitische Frage. In Zürich streben wir grundsätzlich immer Mischgebiete an, also nicht nur Wohn- oder Dienstleistungsgebiete, sondern ein vernünftiges Verhältnis zwischen den Nutzungen. Diesen Grundsatz finde ich absolut richtig. Meiner Meinung nach gibt es in Zürich West eine andere Schwierigkeit: Es ist das erste Gebiet, in dem Zürich den Sprung zur Grossstadt macht. Nicht in Bezug auf die Einwohnerzahl oder die Fläche, da können wir mit den europäischen Grossstädten nicht mithalten, aber vom Geist, von der Planungsidee sowie von der Grösse der Gebäude her.

Im Empfinden der Einwohnerinnen und Einwohner ist Zürich West in einer schwierigen Übergangsphase. Wenn der Prime Tower auf dem Maag-Areal, das Wohnhochhaus von Theo Hotz und das Hardturmstadion erst einmal stehen, bekommt Zürich West ein grossstädtisches Label; dann werden die Bernoulli-Häuser als Relikte einer anderen Zeit gelten, aber sie werden nicht mehr der Massstab sein, an dem man

Zürich West misst. Im Moment ist ein Vakuum da. Die Zeit, in der man nur die Bernoulli-Häuser oder die Drogenszene mit Zürich West assoziiert hat, ist vorbei, aber das Quartier hat den Sprung zur Grossstadt noch nicht geschafft. Ich kann gut verstehen, dass dieser Sprung die Einwohnerinnen und Einwohner verunsichert. Wichtig ist, dass der Transformationsprozess nicht statisch wird, sondern dass man weiterhin hinterfragt, lernt und analysiert – ohne den Rahmen zu verlassen, den man sich gesetzt hat.

Ess: Die grossstädtische Entwicklung von Zürich West ist äusserst spannend. Industriegebiete, die nicht mehr als solche funktionieren, haben sich über Zwischennutzungen neue Label, ein neues Image aufbauen können – was für alle, die dort etwas realisieren möchten, sehr attraktiv ist. Diese imagebildenden Nutzungen – Kunstgalerien, Ateliers, Architekturbüros – tragen dazu bei, dass neue Investoren bereit sind, viel Geld zu bezahlen, um dazuzugehören. Der Wechsel von der industriellen Nutzung über die Zwischennutzung zur definitiven Nutzung erzeugt Synergien, und das ist in meinen Augen eine grossstädtische Entwicklung. An solchen Phänomenen zeigt sich das Urbane, und nicht einfach nur an der Architektur. Ich finde, Maag macht das sehr gut: Sie vermietet Räume günstig an imagetragende Nutzer – an die «Kreativen» – und wer davon profitieren möchte, muss bezahlen. Das hat im Kleinen, als Biotop, schon in der Mühle Tiefenbrunnen funktioniert, die so gesehen auch einen städtischen Ansatz hat. Die einen bezahlen weniger und tragen zum Image bei, die anderen zehren vom Image und bezahlen dafür mehr. Das wird in Zürich West gleich sein. Ich bin zuversichtlich, dass Zürich West ein künftiges Stadtzentrum sein wird.

Eberhard: Das Gebiet beim Hauptbahnhof, das gegenwärtig von Kees Christiaanse entwickelt wird, ist ein anderes Beispiel. Dort handelt es sich nicht um ein ehemaliges Industriegebiet, sondern um einen Ort in der Nähe von historisch gewachsenen Strukturen. Daher gibt es andere Grundprinzipien; wir wollen auf jede Situation spezifisch reagieren, und nur schon das ist im Vergleich zu früheren Ansätzen ein Fortschritt. Ich verstehe, dass man das eine oder andere kritisiert – aber ich finde, dass es an verschiedenen Standorten ausserordentlich gut läuft.

Hardturmstadion und Kongresshaus

In Bezug auf das Stadion auf dem Hardturm-Areal stellt sich die Frage des Standorts: Muss ein so grosses Gebäude wirklich so nahe am Stadtzentrum gebaut werden?

Eberhard: Wir haben etwa dreissig Standorte abgeklärt, beispielsweise in Opfikon oder Zürich Nord, und sind zum Schluss gekommen, dass das Stadion in der Stadt Zürich sein sollte. Das ist wirklich entscheidend. Der jetzige Standort ist planerisch richtig: Er ist vom Stadtzentrum aus durch Tram und Bus erschlossen, aber auch von ausserhalb sind die Verkehrsverbindungen gut. Stadien auf der grünen Wiese sind sehr problematisch – die Nachteile eines urbanen Stadions dagegen kann man in Kauf nehmen: Zürich West ist eine Zentrumszone, regional ausgeschieden vom Kanton.

In fünfzig Jahren wird der Hardturm zum inneren Stadtgebiet gehören, und das Stadion wird mitten im Zentrum stehen.

Martelli: So wie die Kehrichtverbrennungsanlage, die man vor hundert Jahren an den Stadtrand gebaut hat und die jetzt im Zentrum steht?

Ess: Damit habe ich keine Probleme. Ich finde, dass das Stadion, wie es heute geplant wird, das Zeug dazu hat, in fünfzig Jahren innerstädtisch zu sein.

Wird das Stadion gebaut?

Martelli: Meine Prognose lautet: ja, aber es wird Zeit brauchen. Wir haben entschieden, das Letzigrund- und das Hardturmstadion nacheinander zu bauen (was der Sache ja auch gut tut), und der Rechtsweg braucht auch seine Zeit…

Ess: Die Chancen sind zumindest intakt.

Und wie ist der Stand beim Kongresshaus-Wettbewerb?

Martelli: Die Jurierung läuft diese Woche, im November werden die Projekte öffentlich gezeigt. Zum Glück haben wir eine Zwischenjurierung gemacht und festgestellt, dass wir in Bezug auf das Raumprogramm zu ehrgeizig gewesen sind – wir haben es zwar sehr seriös gemacht, mit Studien und Testplanungen, aber im Wettbewerb hat sich gezeigt, dass alle Teams Schwierigkeiten hatten, das vorgesehene Volumen unterzubringen. Daher haben wir die geforderte Bruttogeschossflächen reduziert.

Eberhard: Das ist eben auch ein anderes Verständnis von Planung. Es gibt vielleicht Leute, die gerne von Fehlplanung sprechen würden – wir haben aber von Anfang an gesagt, dass die Aufgabe komplex ist und dass es verschiedene gegenläufige Zielsetzungen gibt. Deswegen haben wir entschieden, mehrere Teams einzuladen und Zwischenbesprechungen zu machen, damit man während des Prozesses Weichenstellungen vornehmen kann. Die Reduktion der geforderten Flächen war eine solche Weichenstellung. Ich finde dieses Vorgehen besser als einen Planungsprozess, der alles am Anfang fixiert und nicht mehr auf neue Erkenntnisse reagieren kann.

Wie war es möglich, das Raumprogramm zu reduzieren? Ein Kongresszentrum ist an bestimmte Parameter gebunden, damit es funktioniert: Wird der funktionelle Zusammenhalt nicht in Frage gestellt?

Eberhard: Es bestehen schon Optimierungsspielräume. Erstens gibt es Möglichkeiten, das Ganze ohne funktionelle Einbussen etwas schlanker zu gestalten. Zweitens ging es vor allem um öffentliche Nutzungen – nicht solche, die öffentlich getragen werden, sondern um Zusatznutzungen, welche die Attraktivität des Zentrums erhöhen sollten. Wir haben gemerkt, dass das eigentliche Kongresszentrum vielleicht sogar noch mehr Bedeutung erhält, wenn weniger Zusatznutzungen integriert sind.

Martelli: Wir haben bei den Zusatznutzungen Fläche gespart, dafür haben wir den Zugang für die Öffentlichkeit vom See her stärker betont.

Prestige-Bauten und grossstädtische Solidarität (Gespräch mit Peter Ess)

Während die Stadt im Schul- und Wohnungsbau viel leistet und einige hervorragende Projekte vorweisen kann, scheint es bei Prestigebauten und Grossprojekten immer wieder Schwierigkeiten zu geben. Woran liegt das?

Ess: Die Frage der Prestigebauten wird im Hochbaudepartement intern immer wieder diskutiert. Als Vorsteherin des Hochbaudepartements hat Kathrin Martelli ein Legislaturziel formuliert, das «Spitzenarchitektur und Architekturqualität in der Breite» fordert. Das heisst: Die Frage nach Prestigebauten stellt sich nicht in Bezug auf die Architekturqualität, denn wir realisieren jedes Projekt, angefangen beim Gartenhäuschen, in einer höheren architektonischen und städtebaulichen Qualität, soweit dies der Aufgabe angemessen ist. Ob man von einem Prestigebau spricht, hängt mit der Funktion des Gebäudes und nicht mit seiner architektonischen Qualität zusammen. Peter Märklis Schulhaus in Zürich Nord ist nun einmal ein Quartierschulhaus und nicht ein Prestigebau wie das Kongresshaus, die Erweiterung des Kunsthauses oder die beiden Stadien.

Wenn man von Prestigebauten spricht, meint man in der Regel nicht nur die Architektur, sondern die Rolle der Wirtschaft, der Politik und der Bevölkerung. Und hierzu habe ich eine ganz klare Meinung: Damit ein so genannter Prestigebau entstehen kann, müssen drei Voraussetzungen erfüllt sein. Erstens muss ein politischer Wille existieren, ein Projekt zu realisieren, obwohl es nicht ganz vernünftig ist. Das war beim KKL der Fall: Die Luzerner haben sich den Bau geleistet, obwohl sie wussten, dass sie ihn sich eigentlich nicht leisten konnten, dass er den Rahmen sprengen und dass es auch Schwierigkeiten mit dem Ort geben würde. In Zürich dagegen fragt man immer: «Ist das nötig? Könnte das nicht auch billiger sein?» Zweitens braucht es die Wirtschaft. Normalerweise verlangt sie, dass das Projekt eine Rendite von mindestens 6,5 Prozent abwirft, sonst macht sie gar nicht erst mit. Doch manchmal müsste sie bereit sein, einen Beitrag zu leisten, der nicht sofort die geforderte Rendite abwirft – als Investition in einen Standort. Ein Teil könnte sich direkt rentieren, ein anderer Teil eben nicht. In Luzern hat jemand fünfzig Millionen gebracht und gesagt: «Dafür müsst ihr jetzt aber auch etwas Grosses bringen.» Drittens ist die Unterstützung der Bevölkerung notwendig. Bei jedem grösseren Projekt heisst es: «Brauchen wir das in unserem Quartier?» Die Bevölkerung müsste akzeptieren, dass in ihrem Quartier etwas Grossstädtisches gebaut wird, das nicht ausschliesslich für das Quartier gedacht ist, sondern für die ganze Stadt – von der das Quartier ja schliesslich auch wiederum ein Teil ist.

Unter diesen Bedingungen sind Prestigeobjekte möglich. Am besten sieht man das beim Stadion Letzigrund. Im Letzi-Quartier haben viele das Gefühl, benachteiligt zu sein – es gehe ihnen schlecht, es sei lärmig, es gäbe soziale Probleme; doch das Letzigrund-Stadion mit dem Leichtathletikmeeting und den Konzerten wurde als positiv gewertet. Die Einwohnerinnen und Einwohner sind stolz darauf, dass das Stadion in ihrem Quartier steht. Damit ist die Voraussetzung gegeben, dass die Bevölkerung das Projekt eines neuen Stadions trägt – zumindest, wenn es nicht grösser wird als das bestehende. Den Politikern ist daher klar, dass das Projekt realisiert werden kann, aber nur, wenn man keine zusätzlichen Nutzungen hinzufügt. Das hat zur Folge, dass das neue Stadion 110 Millionen kosten wird anstatt der 80, die man ausgegeben hätte, wenn man 30 Millionen durch Zusatznutzungen hätte hereinholen können. Aber die Stadt ist bereit, sich dieses Projekt zu leisten, und die Quartierbevölkerung ist entschlossen, es zu unterstützen. Nur darum kommt es zustande. Wenn es bei anderen Grossprojekten nicht gelingt, solche Konstellationen zwischen Wirtschaft, Politik und Bevölkerung zu erreichen, sind sie nicht realisierbar.

Ist die Bevölkerung letztlich selbst schuld an den Pattsituationen, wie sie beispielsweise beim Hardturm-Stadion entstanden sind?

Ess: Ich meine die Quartierbetroffenen. Die müssen städtische Infrastrukturen akzeptieren. Das ist ein echtes Problem: Zürich ist eigentlich eine Kleinstadt, die aber eine metropolitane Ausstrahlung hat. In Zürich ist ja alles gut und schön, wir haben ein tolles Rating, aber in den Quartieren denkt jeder: «Ich in meinem Quartier brauche keine Grossprojekte.» Wie bringt man die Bevölkerung dazu, zu erkennen, dass sie einerseits in ihrem Quartier wohnt, anderseits aber in diesem Quartier auch grossstädtische Infrastruktur tragen muss? Nur wenn jedes Quartier etwas auf sich nimmt, haben wir eine Chance, eine Metropole zu werden. In Zürich West heisst es: «Wir brauchen kein Stadion!», im Niederdorf sagen sie: «Wir haben jedes Wochenende ein lärmiges Fest!», im Allenmoos wollen sie keine heilpädagogische Schule. Jeder Quartierbewohner denkt, als lebe er in einem Dorf. Das muss sich ändern.

Die Menschen in den Quartieren müssen bereit sein, einen Teil der grossstädtischen Infrastruktur zu tragen, die sie selber vielleicht nicht brauchen – im Wissen, dass andere Quartiere wiederum Einrichtungen tragen, von denen sie sehr wohl profitieren. Das ist für mich der urbane Gedanke, der auf der politischen Ebene, bei den Quartierbetroffenen und in der Wirtschaft lebendig sein muss. Mit der Frage «Was nützt *mir* das?» kommt man nicht weiter. Jeder muss im Sinne der Allgemeinheit einen Beitrag leisten.

Damit wären wir wieder bei der Frage des Mikroföderalismus angelangt – vielleicht müsste man von einem Quartiersföderalismus sprechen?

Ess: Wir sind immer stolz, wenn bei einer Volksabstimmung ein Projekt in dem Quartier, in dem es stehen soll, überproportional gut angenommen wird. Das ist ein Erfolg! Das war beim Letzigrundstadion der Fall, beim Stadion auf dem Hardturm-Areal nicht. Das beschäftigt mich: Wie macht man einen Quartierbewohner zu einem Urbanisten, zu einem städtischen Bewohner, der zulassen kann, dass sich die Stadt als Stadt entwickeln kann und nicht einfach ein grosses Dorf bleibt?

Zur Notwendigkeit übergeordneter Entwicklungsstrategien Was in und um Zürich geplant wird, wirkt sich auf die ganze Schweiz aus: Als Wirtschaftsstandort, Verkehrsknotenpunkt und Zentrum internationaler Austauschbeziehungen hat die grösste Schweizer Stadt überregionale Bedeutung. Umso wichtiger ist, dass die Raumentwicklung nicht im Verborgenen stattfindet und dass mikroföderalistisches Denken durch grossräumiges Standortmanagement abgelöst wird.

ZÜRICH S/M/L/XL

Text: Alain Thierstein

Zürich ist eine Stadt, ist ein Kanton, ist eine Metropolregion. Zürich ist der Name einer Stadt und zugleich eines Kantons, der die Stadt umschliesst. Mit 366 000 städtischen Einwohnerinnen und Einwohnern und einer Kantonsbevölkerung von gut 1,2 Millionen Menschen muss aus Schweizer Optik wenig unternommen werden, um in die Schlagzeilen zu gelangen. «Zürich nervt!», lautete vor wenigen Jahren die Schlagzeile eines Schweizer Wochenmagazins. Die führende Rolle der Stadt Zürich in der schweizerischen Wirtschaft sowie ihr Anspruch, auch kulturelles Zentrum der Schweiz zu sein, führt innerhalb und ausserhalb Zürichs zu Irritationen. Welche Dimension Zürichs ist «politisch korrekt»? S/M/L/XL bezeichnet nicht bloss Kleidergrössen, sondern verweist auch auf das Ausmass an gedanklichem Wagemut, strategischer Überzeugungskraft und gestalterischer Intelligenz. Wie gross also soll Zürich sein?

Das Faszinierende an Zürich ist die Tatsache, dass sich dieser Lebens- und Wirtschaftsraum nicht alleine genügen kann, will er seine Entwicklungschancen ausschöpfen. Mit anderen Worten: Stadt und Kanton Zürich sind zwar zentrale Produzenten von Standortqualitäten, doch die umfassende Wertschöpfungskette schliesst auch wichtige Nachbarn in den «Produktionsprozess» von Standortattraktivität ein.

Diese Hypothese wird indirekt durch zwei Aussagen aus dem aktuellen Standortmonitoring der Stiftung Greater Zurich Area Standortmarketing gestützt. Zuerst resümiert die Studie die Stellung der Metropolregion Zürich folgendermassen: «Trotz schwieriger Jahre konnte Zürich seine Position im internationalen Wettbewerb halten, allenfalls relativ zu den betrachteten Metropolen leicht verbessern. Bezüglich Leistungsfähigkeit, gemessen am Bruttoinlandprodukt pro Kopf, schneidet Zürich weiterhin ansprechend ab. Hinter München und Kopenhagen konnte sich Zürich auf Kosten von Genf auf die dritte Position vorarbeiten. Berücksichtigt man

Kaufkraftunterschiede, dann sichert sich die Zürcher Metropole einen Platz im guten Mittelfeld.»[1] Die anschliessende Feststellung verdeutlicht die komplementäre Arbeitsteilung innerhalb der Metropolregion: «Die erfolgreiche Positionierung der Metropole Zürich im internationalen Wettbewerb hängt von der Leistungsfähigkeit des gesamten Wirtschaftsraumes ab.»[2]

Wie ist Zürich zu fassen? Unter der Oberfläche der gebauten Umwelt zeichnet sich eine räumliche Entwicklung ab, die sich beinahe unbemerkt, also im Verborgenen, abspielt. Eine neue räumliche Konfiguration aus Potenzialität und Beziehungsgeflechten hat sich herausgebildet. Die Frage «Metropolregion Zürich – zu gross, um wahr zu sein?»[3] spielt daher auf politische und planerische Debatten an, die noch allzu oft vernachlässigen, dass sich diese Potenzialität simultan auf unterschiedlichen Massstabsebenen entwickelt, befruchtet oder behindert. Es gilt zu verstehen, wie sich klein- und grossräumige funktionale Verflechtungen und Wechselbeziehungen gleichzeitig abspielen.

Nichts illustriert besser, wie Zürich funktioniert, als die folgenden drei Beispiele: das Quartier Zürich West, der Flughafen Zürich und die Metropolregion Nordschweiz. Sie dokumentieren auf unterschiedlichem Massstab, wie sich raumwirksame Politikfelder wechselseitig durchdringen. Die Folgerung ist klar: Zürich lebt mit seinen Nachbarn in einem Verhältnis gegenseitiger Abhängigkeit. Umgekehrt müssen Zürichs Nachbarn stärker erkennen, dass ihre eigene Entwicklung zentral von der Funktionsfähigkeit des Wirtschaftsraumes Zürich abhängt.

Zürich West: orientierungslose Verkehrsplanung, Zersplitterung in einzelne Areale

Das erste Beispiel zeigt die Aufwertung des alten Zürcher Industriequartiers zu Zürich West. Die Stadt wurde jüngst als «modern und rentabel, ja nicht auffällig und gross»[4] bezeich-

1

2

1+2 **Zürich West ist die City_2: Städtische, kantonale und nationale Standortentwicklungspolitik müssten besser verknüpft werden**

net. Beklagt wird, dass in den letzten Jahrzehnten ein Grossprojekt nach dem anderen Schiffbruch erlitten habe. Trotz reger Bautätigkeit sei nichts Erkennbares auszumachen. Als Ursache wird die Bauordnungs-Architektur ins Feld geführt: «Je grösser die Idee, desto grösser die Kontroverse und desto geringer die Realisierungschancen.»[5] Diese Kritik ist bedenkenswert, insbesondere wenn man die Vorstellung vertritt, dass Einzelprojekte letztlich eine Stadt ausmachen. Man sollte allerdings die Diskussion über die Mittel nicht mit jener über die Ziele verwechseln. Dennoch hat die Stadt Zürich die Chance gepackt, ehemalige Produktionsstandorte auf Gemeindegebiet für die Stadterneuerung und den Stadtum-bau zu nutzen: Zürich Nord, Zürich West, Zürich Süd / Sihlcity, Leutschenbach und Glattpark. Diese Efforts deuten darauf hin, dass stadtentwicklungspolitische und städtebauliche Vorstellungen wirksamer sind als singuläre architektonische Ansätze. Der Bilbao-Effekt hat mindestens so viel mit intelligenten flankierenden Massnahmen zu tun wie mit der Ikone des Guggenheim-Museums.

Sind übergeordnete Entwicklungsstrategien auszumachen, oder steht Zürich bloss für Verkehrs- und Baufragen? «It depends», muss man antworten. Dem Umwandlungsprozess von Zürich West, der in den Achtzigerjahren des letzten Jahrhunderts entlang der Hardturmstrasse zu einer monotonen Bürolandschaft geführt hat, wird heute mit dem Konzept eines durchmischten, lebendigen Stadtquartiers entgegengewirkt. Durch seine Lage bietet Zürich West hochwertige Agglomerations- und Nähevorteile, die diesem Quartier das Potenzial eines ungeschliffenen Diamanten verleihen. Doch der «grosse Blick» und der Blick des Quartiers werden zu wenig strategisch verbunden.

Noch immer ist es vorgesehen, die Pläne der nationalen Verkehrsinfrastruktur aus den Sechzigerjahren zu realisieren. Demgemäss soll der übergeordnete motorisierte Verkehr auf derselben Achse wie der öffentliche Verkehr durch den Hotspot Zürich West gezwängt werden. 1999 vereinbarten Grundeigentümer und Stadt im so genannten *Synthesebericht*, dass das Prinzip Nachhaltigkeit alles Wirken bestimmen soll. Im Jahr 2004 begannen die Stadt Zürich und die Zürcher Kantonalbank (ZKB) – die grösste Arbeitgeberin im Quartier – unabhängig voneinander zu prüfen, wie nachhaltig die Entwicklung in Zürich West fünf Jahre danach verläuft.[6] Die beiden Studien kommen zu ähnlichen Ergebnissen. Diejenige der ZKB stellt drei Kernthemen für die zukünftige Optimierung des Planungsprozesses heraus:[7]

– Die Überlagerung unterschiedlicher Massstabsebenen: Diese bringt Kapazitätsprobleme beim Verkehr, umso mehr, als die effiziente Anbindung an die S-Bahn-Station Hardbrücke ungelöst ist.

– Die Entwicklung von einem Gebiet mit Zwischennutzungen zu einem etablierten Stadtviertel: Die Baisse im Büroflächenmarkt stärkt zwar den Wohnanteil, doch fehlen noch zentrale soziale Infrastrukturen.

– Die Gleichzeitigkeit von verschiedenen Planungen: Es mangelt an sektoralen Gesamtplanungen und an einer Stelle, die im Sinne eines integrierten Standortmanagements für das gesamte Gebiet verantwortlich zeichnet.

Die Raumentwicklung im Verborgenen zeigt sich in Zürich West darin, dass sich in diesem Stadtquartier zugleich lokale, kommunale, regionale und überregionale Funktionen derart verknüpfen, dass daraus die City_2 entsteht. Zürich wird in diesem Gebiet auf orientierungslose Verkehrsplanung und arealweisen Städtebau reduziert. Städtische, kantonale und gar nationale Standortentwicklungspolitik müssten sich hier weit deutlicher zusammenraufen – unter Mitbeteiligung privater Partner wie der ZKB.

Flughafen Zürich: nationale Interessen im Spiel

Das zweite Beispiel beschreibt die Problematik um die Entwicklung der Flughafenregion. Nicht erst seit dem Swissair-

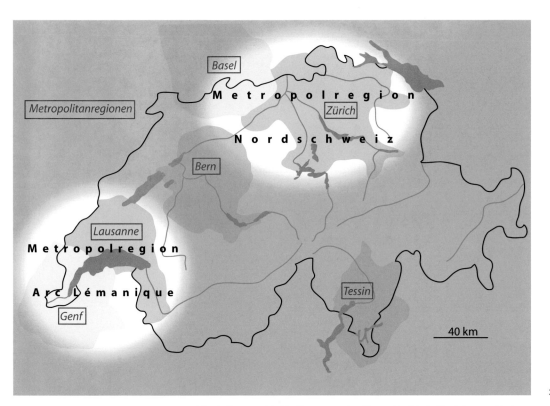

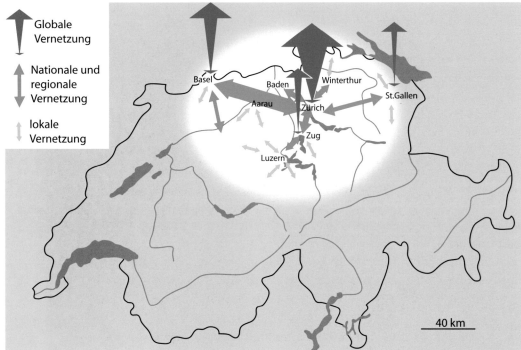

3 **Die Schweiz kennt zwei Metropolregionen als Wissensräume von europäischem Zuschnitt** (Alain Thierstein, Christian Kruse, Lars Glanzmann, Simone Gabi, Nathalie Grillon, *Raumentwicklung im Verborgenen. Untersuchungen und Handlungsfelder für die Entwicklung der Metropolregion Nordschweiz*, erscheint 2006 in Zürich)

4 **Darstellung der Vernetzungen durch Wissensaustausch bei wissensintensiven Wirtschaftstätigkeiten**

Grounding und der einseitig erlassenen deutschen Verordnung zur Einschränkung des Anfluges von Norden her sind die Perspektiven für die Raumentwicklung um den Flughafen Zürich-Kloten düster und unsicher geworden. Zusätzliche Lärmbelästigung, Bauboom und Planungsunsicherheit sind Stichworte, die seit einigen Jahren die Nerven haben blank liegen lassen. Bislang wurde es von allen beteiligten Akteuren in Gemeinden, Kanton und Bund verpasst, Zürich als grossräumiges Produktions- und Innovationssystem und damit als nationale raumordnungspolitische Aufgabe zu begreifen, die nicht am Perimeter der Konzessionshoheit für den Flughafenbetrieb endet.

Einen wichtigen Ansatz für die Entschärfung dieser verfahrenen Situation leistete der Bundesrat mit seinem *Bericht über die Luftfahrtpolitik des Bundes*. Darin bekennt sich der Konzessionsgeber des Flughafens «weiterhin zu einer nachfrageorientierten Entwicklung der Landesflughäfen. Im Rahmen von Nachhaltigkeitsüberlegungen sind jedoch Ausnahmen denkbar, in denen von diesem Grundsatz abgewichen werden kann.»[8] Damit der Bund seine luftfahrtpolitische Verantwortung sowie seine Interessen und Ziele künftig umfassender und direkter wahrnehmen kann, prüft er Möglichkeiten zur Durchsetzung grösserer Bundeskompetenzen. Insbesondere prüft er den Erlass von Nutzungseinschränkungen in Gebieten, welche durch den Fluglärm belastet werden. Solche Nutzungseinschränkungen können in Form von spezialrechtlichen Baulinien oder Lärmzonen angeordnet werden. Sie würden durch den Bund – im Einvernehmen mit dem Flughafenhalter und dem Standortkanton – erlassen.[9]

Diese Klarheit lässt nichts zu wünschen übrig. Die Flughafenproblematik ist das Paradebeispiel für die Notwendigkeit von nationaler Raumentwicklungspolitik. Der Flughafen Zürich ist ein wichtiger Arbeitgeber für die Standortregion Glatttal-Stadt; auf dem Flughafenareal und seiner Umgebung wächst eine «Airport City» heran. Darüber hinaus ist «[d]er Luftverkehr […] ein massgeblicher Bestandteil des nationalen Verkehrssystems, bildet eine wichtige Voraussetzung für die Standortattraktivität der Schweiz und stellt einen bedeutenden Volkswirtschaftsfaktor dar.»[10]

Bisher hat ein grossräumiges Standortmanagement dieser internationalen Netzwerkinfrastruktur gefehlt. Die heutige Blockade ist die Folge sich selbst verstärkender Versäumnisse aus den letzten 25 Jahren. Die Optik aller Akteure war zu eigensinnig, zu kleinräumig und zu kurzatmig – angefangen bei einer unrealistischen Expansionsstrategie von Swissair, dem Abseitsstehen der Schweiz nach dem EWR-Nein 1992, der mangelnden Steuerung des Raumsystems Flughafen durch den Bund und den Kanton Zürich bis hin zu kommunalen Planungslogiken. Zudem hat der Kanton Zürich lange in Selbstüberschätzung gelebt. Doch seine Leistungsfähigkeit ist entscheidend von der tatkräftigen und kooperativen Partnerschaft mit den Anrainerkantonen und den süddeutschen Nachbarn abhängig. Der Anti-Zürich-Reflex schlägt just im Moment zurück, in dem grossräumige Entwicklungsstrategien von Nöten wären. Schliesslich hat auch die Stadt Zürich spät begriffen, dass der Stadtflughafen Zürich-Kloten die eigene Funktionsfähigkeit unmittelbar betrifft.

Metropolregion Nordschweiz – Chancen und Defizite

Das dritte Beispiel spannt den Perimeter am weitesten und zeigt die Existenz einer Metropolregion Nordschweiz mit knapp vier Millionen Einwohnerinnen und Einwohnern. Neben der städtebaulich-physischen Realität präsentiert sich ein weit ausgreifender Funktionsraum, der an die internationale Wirtschafts- und Imagewelt angekoppelt ist. Dieser Lebens- und Wirtschaftsraum umschliesst nicht nur Zürich, sondern auch Basel, Luzern, Zug, Schaffhausen, St. Gallen, Chur sowie Teile Süddeutschlands.

Selbsttragende räumliche Entwicklung ist heute nicht nur eine Frage der Ressourcenausstattung, sondern auch der kritischen Masse von Vielfalt an Möglichkeiten und von Ähnlichkeiten an realisierten Potenzialen. So betrachtet, vermag die Stadt Zürich die zentralen metropolitanen Funktionen nicht eigenständig zu bewältigen. Selbst wenn man die Agglomeration oder den Kanton Zürich zur Kernstadt hinzuzählt, bleibt die Metropolregion Zürich im internationalen Vergleich – etwa zu Regionen wie Frankfurt/Rhein-Main, Rhein-Ruhr oder der holländischen Delta-Metropolis – im besseren Falle ein kleiner, wenngleich feiner Mitspieler.

Gleichwohl ist absolute Grösse im globalen Markt um Aufmerksamkeit und Investorengunst nicht spielentscheidend. Doch der Blick auf internationale Stadt- oder Metropolregionen zeigt, dass ausreichende Dichte und Qualität der Austauschbeziehungen sowie der räumlichen Nähe wichtig sind, will man entweder auf dem globalen Niveau der «Weltstädte» oder auf der kontinentalen Ebene im Wettbewerb um zentrale Steuerungsfunktionen mitspielen.

Funktionale Verflechtungen von Wirtschaftsunternehmen einerseits und infrastrukturelle Vernetzungen anderseits machen Metropolregionen zu einem Phänomen, das einer systematischen Analyse noch weitgehend harrt. Im Jahr 2003 hat ein europaweites Team von Raumwissenschaftlern begonnen, die Entwicklung der polyzentrischen Metropolregionen im Kontext der sich ausbreitenden Wissensökonomie zu untersuchen. Handlungsvorschläge für die langfristig gedeihliche Entwicklung und Steuerung solcher grossmassstäblicher Funktionsräume ergänzen diese Analysen.[11]

Wie grenzt man eine Metropolregion ab? Hierzu drei Kriterien:

1. Die *Innovationsfunktion* umfasst High-Services und High-Tech. High-Services stehen für hochwertige, wissensintensive Dienstleistungen, die einen hohen Bedarf an qualifizierten und oft auch internationalen Arbeitskräften aufweisen. High-Tech meint die wissensbasierten, innovativen Produktionsunternehmen.

2. Die *Gatewayfunktion* hebt die Funktion von Metropolregionen als Knotenpunkte nationaler und internationaler Transport-Netzwerke hervor.

3. Die *Regulationsfunktion* rückt hingegen die politische, wirtschaftliche und finanzmarktliche Steuerung und Kontrolle ins Zentrum der Betrachtung.

Die Metropolregion Nordschweiz präsentiert sich in morphologischer Sicht zwar als polyzentrischer Raum. Betrachtet man jedoch die tiefer liegenden relationalen Entwicklungen – getrieben durch die Standortwahlstrategien von Firmen der Wissensökonomie –, so erkennen wir eine neue räumliche Hierarchie, die als verdichteter Vernetzungsraum wissensintensiver Unternehmen auf der Landkarte hervortritt.[12] Die Agglomeration Zürich spielt dabei die Rolle als *hub* in einer glokalisierten Welt sich ausbreitender Wissensökonomie.

Die Analyse zeigt, dass die Region Zürich über eine herausragende Dichte an internationalen Austauschbeziehungen von branchenspezifischem, hochwertigem Wissen verfügt. Für die einzelnen Agglomerationen bedeutet dies, dass ihre erfolgreiche wirtschaftliche Weiterentwicklung von ihrer Beteiligung im Netz des Wissensaustauschs der gesamten

Europäischen Metropolregion Nordschweiz abhängt. Die wirtschaftliche Bedeutung einzelner Zentren dieses Raumes kann somit nur im Kontext ihrer Position in der Metropolregion Nordschweiz verstanden werden.

Zürich ist die wichtigste dieser Drehscheiben zwischen der globalen und der lokalen Welt der Wissensökonomie. Damit zeigt sich die neue Geografie von wirtschaftlichem Wissensaustausch. Es gibt einige wenige, räumlich konzentrierte «Kompetenztore zur Welt», durch die Wissen von anderen global bedeutsamen Drehscheiben in die Metropolregion gelangt. Umgekehrt wird lokal spezifisches Wissen aus der eigenen Metropolregion in die globalen Netzknoten exportiert.[13]

In der schematischen Darstellung wird die neue räumliche Hierarchie der Wissensökonomie deutlich. Die Metropolregion Nordschweiz wird durch die Achse Zürich–Basel aufgespannt. Erst der vertiefte, analytisch innovative Blick enthüllt die enge Verflechtung zu einem virtuellen Korridor der Wissensökonomie. Was auf der Anschauungsebene nicht verbunden zu sein scheint, ist relational betrachtet intensiv verknüpft.

Handlungsbedarf auf verschiedenen Ebenen

Zürich S/M/L/XL? Die drei Beispiele räumlicher Entwicklung zeigen auf unterschiedlichen Massstabsebenen, dass Zürich eine variable Grösse besitzt. Im Fall von Zürich West ist der Stadtteil weit mehr als nur ein Quartier; er erfüllt städtische, ja überregionale Funktionen. Die Flughafenregion Zürich belegt, dass Zürich weit mehr ist als die Kernstadt und der Kanton gleichen Namens. Die Europäische Metropolregion demonstriert gar, dass dieser international betrachtet entscheidende Raumbezug mit dem Label «Zürich» allein nicht adäquat zu beschreiben ist. Wie positioniert sich darin das offizielle, hoheitliche Zürich, und mit welcher Wahrnehmung über den relevanten Handlungsraum?

Eine integrierte Gestaltung ist heute nur möglich, wenn Standortmanagement und Raumentwicklungspolitik in sinnvoller Wechselwirkung verknüpft werden. Die Frage lautet: Wie gelingt es, die raumwirksamen sektoralen Politikfelder so zu koordinieren, dass auf den entscheidenden räumlichen Massstabsebenen erwünschte, langfristig tragfähige Ergebnisse entstehen können? Diese Aufgabe kann man als Standortmanagement bezeichnen. Sie fasst das komplexe und faszinierende Gebilde von Stadt- oder Metropolregion als Ganzes ins Auge. Zu handeln ist auf drei Ebenen.

1. Das Standortmanagement erarbeitet eine *Vision* für die Stadt- und Metropolregion. Denkstoff bietet die Stiftung Greater Zurich Area Standortmarketing, die im November 1998 als Public-Private-Partnership gegründet wurde. Mitglieder sind neben grossen Privatunternehmen der Kanton und die Stadt Zürich, die Stadt Winterthur sowie die Kantone Graubünden, Glarus, Schaffhausen, Solothurn, Schwyz und Aargau. Die Stiftung fördert das Standortmarketing des Wahrnehmungsperimeters auf internationalem Massstab nach dem Motto *think international, act big*. Was als Marketingansatz funktioniert, muss für die Metropolregion Nord-

schweiz auf den Boden gebracht werden. Erfolgreiche Standortpromotion führt zur Frage, wie man gemeinsam die nach aussen erfolgreich vermittelten Standortqualitäten in diesem Lebens- und Wirtschaftsraum erzeugen kann. Wer trägt welche Qualitäten für diesen Wertschöpfungsprozess bei?

2. Die *Strategie* formuliert langfristige Zielpfade und Prozesse zur Umsetzung der Vision. Die Greater Zurich Area AG (GZA) unterstützt als operativer Arm der Stiftung internationale Unternehmen bei der Evaluation möglicher Firmenstandorte und der Ansiedlung in der GZA. «Als weltoffene Region inmitten von Europa verfügt die Greater Zurich Area über eine einmalige Businessinfrastruktur in entspannter Atmosphäre. Hier erbringen Unternehmen Spitzenleistungen in einer Parklandschaft.»[14] Erste strategische Ansätze für die Zusammenarbeit von GZA, Kanton und Stadt Zürich umfassen die Förderung von Firmen-Headquarters, Kleinstunternehmen in der Kreativwirtschaft, historisch aus dem Industrieunternehmen herausgewachsene High-Tech-Nischenproduzenten, Life-Sciences-Spin-off aus der Hochschule und Finanzdienstleistungsunternehmen. Diese so genannten Clusterstrategien haben sehr unterschiedliche räumliche Reichweiten. Im Falle der Medizinaltechnik zeigt eine neue Studie, dass es nur einen einzigen sinnvoll abgrenzbaren Cluster gibt. Dieser orientiert sich jenseits der Metropolregion Nordschweiz an der Schweiz und dem grenznahen Ausland.[15] Die Finanzdienstleister[16] sowie die Kreativwirtschaft[17] hingegen sind eher in der urbanen Kernstadt Zürich konzentriert. Diese Spannweite dokumentiert die grosse Herausforderung, die gemeinsame Strategieentwicklung sachlich zwingend und räumlich adäquat zu gestalten.

3. Die operative Ebene des Standortmanagements *entwickelt Systeme*: Hier stellt sich die Frage nach den konkreten Massnahmen, die zu treffen, und nach den Leistungsangeboten, die zu erbringen sind. Dazu gehören insbesondere räumliche und institutionelle Überlegungen. An welchen Standorten sollen Gebäude und Funktionen platziert werden, damit sie sowohl die übergeordnete Strategie der Standortentwicklung als auch die lokale räumliche Qualität aufnehmen können? Beispiele für umstrittene Standorte sind Projekte wie das Stadion Zürich, das Kongresshaus, das Casino, die Verkehrsdrehscheiben oder die Science City der ETH Zürich.

Standortwettbewerb findet heute Grenzen übergreifend auf einer Massstabsebene statt, die unser mikroföderales Sozialisierungsmuster kaum erkennen, geschweige denn vorausschauend beantworten kann. Die Herausbildung einer Metropolregion Nordschweiz fordert alle heraus – denn fast unbemerkt von breiterer Öffentlichkeit wird die Schweiz neu gezeichnet.

Autor: Alain Thierstein ist ordentlicher Professor für Raumentwicklung an der Fakultät Architektur der Technischen Universität München. Als Wirtschaftswissenschaftler beschäftigt er sich vor allem mit Regional- und Stadtentwicklung, Regional- und Raumentwicklungspolitik, Innovations- und Technologiepolitik, regionaler Nachhaltigkeit sowie der Evaluation von Politikmassnahmen.
Im März 2003 erscheint von Alain Thierstein, Christian Kruse, Lars Glanzmann, Simone Gabi und Nathalie Grillon das Buch *Raumentwicklung im Verborgenen. Untersuchungen und Handlungsfelder für die Entwicklung der Metropolregion Nordschweiz* im NZZ Buchverlag, Zürich.

1 Stiftung Greater Zurich Area Standortmarketing (Hrsg.), *Standortmonitoring Wirtschaftsraum Zürich 2005*, Zürich 2005, S. 6. Erarbeitet durch Credit Suisse, Economic Research. Zürich: Greater Zurich Area AG.
2 Ebd., S. 7.
3 Vgl. Alain Thierstein, Patrick Dümmler, Christian Kruse, «Die europäische Metropolregion Zürich – zu gross um wahr zu sein?», in: *DISP 152*, 1, 2003, S. 87–94.
4 Felix Müller, «Modern und rentabel, ja nicht auffällig und gross», in: *NZZ am Sonntag*, 30. Mai 2004, S. 21.
5 Ebd.
6 Fachstelle für Stadtentwicklung der Stadt Zürich (Hrsg.), *Nachhaltige Entwicklung Zürich West. Statusbericht 2004 aus Sicht der Stadt Zürich*, Zürich 2004.
URL: http://www3.stzh.ch/internet/fste/home/quartentw_top/entwplanung.html
7 Alain Thierstein, Wilhelm Natrup, Sabine Friedrich, Dunja Binggeli, Carolina Grimaldi, *Aufbruch West? Nachhaltige Entwicklung und städtische Erneuerung am Beispiel von Zürich West*, Zürcher Kantonalbank (Hrsg.), Zürich 2005.
8 Bundesrat, *Bericht über die Luftfahrtpolitik der Schweiz 2004*, Bern 2004, S. 57.
9 Ebd.

10 Ebd., S. 28.
11 Alain Thierstein, Christian Kruse, Lars Glanzmann, Simone Gabi, Nathalie Grillon, *Raumentwicklung im Verborgenen. Untersuchungen und Handlungsfelder für die Entwicklung der Metropolregion Nordschweiz*, Zürich 2006 (im Erscheinen).
12 Ebd.
13 Ebd.
14 Greater Zurich Area AG, *Jahresbericht 2004*, Zürich 2004, S. 6.
URL: http://www.gza.ch/default_de.asp
15 Patrick Dümmler, *Wissensbasierte Cluster in der Schweiz: Realität oder Fiktion? Das Beispiel der Medizinaltechnikbranche*, Dissertation ETH Zürich, Nr. 16082, Zürich 2005.
16 Christian Kruse, *Börsengänge am Finanzplatz Schweiz. Vernetzte Finanzintermediäre als Erfolgs- oder Risikofaktor für Börsenunternehmen?*, Dissertation ETH Zürich, Zürich 2005 (im Erscheinen).
17 Thom Held, Christian Kruse, Michael Söndermann, Christoph Weckerle, *Kreativwirtschaft Zürich – Synthesebericht*, Hochschule für Gestaltung und Kunst Zürich, Zürich 2005.
verlag@museum-gestaltung.ch

GEBREMSTE GROSSSTADT

Zürichs Stadtplanung im 20. Jahrhundert Das Paradigma der Gartenstadt prägt seit 1900 Stadtplanung und Baugesetze. Mit grosser planerischer Anstrengung und beeindruckendem Erfolg verfolgte die Stadtentwicklungspolitik im 20. Jahrhundert das Ziel, die Bevölkerung möglichst weiträumig zu verteilen und urbane Konzentrationen zu vermeiden. Die Stadtentwicklung der Moderne lässt die Unterschiede zwischen Stadt und Land verschwinden; das nationale Selbstbild der Schweiz hat für das Grossstädtische keinen Raum. Das war nicht immer so.

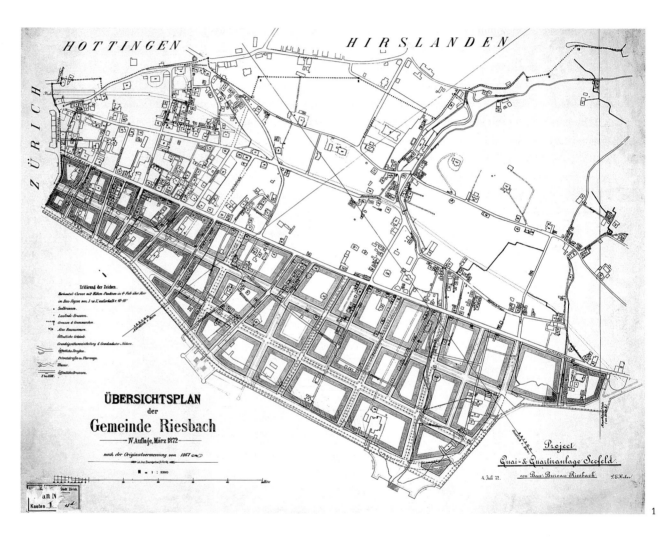

1

Text: Daniel Kurz

Am Ausgang des 19. Jahrhunderts schien Zürich auf dem besten Weg, eine Weltstadt zu werden. An den neu geschaffenen Quaianlagen wuchs eine imposante Stadtkulisse heran: Das Opernhaus machte 1891 den Auftakt, 1892 und 1893 folgten das Weisse und das Rote Schloss, 1895 die Tonhalle mit dem Trocadéro. 1893 hatten sich elf Vororte mit der Altstadt zur grössten Schweizer Stadt zusammengeschlossen. In den darauf folgenden Boomjahren wuchs die Stadtbevölkerung um 5000 bis 10000 Personen pro Jahr. Dieser Zustrom entfesselte in zentrumsnahen Quartieren wie Riesbach, Wiedikon oder Aussersihl einen ungeahnten Bauboom: Blockrandbebauungen in der höchsten erlaubten Dichte wuchsen wie die Pilze empor.

Dichte Blockrandbebauung um 1900

Die Blockrandbauweise folgt dem Muster, das sich in der Kernstadt schon ab 1860 etabliert hatte: etwa an der Bahnhofstrasse, im Stadelhofen- und Stadthausquartier – in den geplanten Stadterweiterungen von Stadtingenieur Arnold Bürkli. Das neue Baugesetz von 1893 förderte diese urbane Bauweise durch den Zwang zur planmässigen Baulanderschliessung im Quartierplanverfahren. Ihre Grundlage ist ein universelles, rechtwinkliges Strassenraster, das jede gewünschte Nutzung zulässt. Charakteristisch ist der hohe Grad von Öffentlichkeit des Strassenraums, der sich aus dem Bauen auf die Baulinie und der Nutzung der Erdgeschosse mit Läden und Restaurants ergab. Die hohe Dichte – mit mittleren Ausnutzungen von 250 Prozent und mehr – entsprach einem Bedürfnis: Fast aller Verkehr war bis über die Jahrhundertwende hinaus Fussgängerverkehr. Wer sich keinen Wagen und Kutscher leisten konnte, war auf kurze Distanzen angewiesen.

Die Ansätze zu grossstädtischer Entwicklung weckten nicht nur Begeisterung. In den Arbeiter- und Armeleutequartieren war sie von unerträglichen Wohnverhältnissen begleitet. Der Mittelstand wiederum erstrebte die kleinstädtische Behaglichkeit des kleinen, privaten Mehrfamilienhauses mit zwei bis drei Wohnungen und empfand das Näherrücken der «Mietskasernen» als Ausdruck von Proletarisierung und gewissenloser Spekulation.

1900–1918: Das Paradigma der Gartenstadt

Der Bauboom des *fin de siècle* mündete ab 1899 in eine mehrjährige, schwere Immobilienkrise, die dem Spekulationsfieber ein brutales Ende bereitete. Über diese kurzfristige Flurbereinigung hinaus leitete die Krise der Jahrhundertwende einen grundlegenden städtebaulichen Paradigmenwandel ein: Seit Beginn des 20. Jahrhunderts konzentrierte sich die Stadtplanung in Zürich darauf, bauliche Dichte vor allem im Wohnbereich immer mehr herabzusetzen. Das Streben nach dichter Ausnutzung stand seither für viele Jahrzehnte im Verdacht des Spekulantentums, und jede neue Bauordnung legte ihr neue Hindernisse in den Weg. Das Stadtideal des 20. Jahrhunderts war die Gartenstadt.

Den ersten Meilenstein setzten die Zürcher Stadtbehörden 1901: Mit einem Federstrich unterstellten sie zwei Drittel des städtischen Baugebiets den *Vorschriften über die offene Bebauung*. Diese Vorschriften verboten die geschlossene Hofrandbebauung und begrenzten die Länge von Neubauten auf maximal 25 Meter, ihre Höhe auf 4 Geschosse.

Betroffen waren alle landschaftlichen Gunstlagen: Die Hänge des Zürichbergs, Hottingen, Oberstrass, Enge und Wollishofen sowie der Wiediker Bühlhügel. 1912 folgten noch einschränkendere Bauvorschriften für die «Zweite Zone der offenen Bebauung». Damit hatte die Stadt eine Zonenordnung, welche die bauliche Dichte vom Zentrum zur Peripherie und vor allem vom Talboden zu den sonnigen Hängen hin staffelte.

In den Jahren nach 1900 begründete die Stadt zudem eine strategisch ausgerichtete Bodenpolitik grossen Stils. Sie erwarb systematisch die Wälder und Waldränder im Stadtgebiet, um sie langfristig als Erholungsflächen für die Bevölkerung zu sichern und Rodungsgelüsten zu entziehen. Mit dem Kauf der Landgüter Sonnenberg und Waid sicherte sie wichtige Aussichtspunkte. Bereits 1907 brachte sie durch eine konzertierte Kaufaktion das Letten-Plateau in ihren Besitz – mit dem Ziel, dort vorbildlichen sozialen Wohnungsbau zu ermöglichen.

Einfamilienhaus und Funktionstrennung

Europaweit regte sich in den ersten Jahren des neuen Jahrhunderts Kritik am schematischen Städtebau des 19. Jahrhunderts und am uferlosen Wachstum der grossen Metropolen. In der Schweiz gehörten die 1905 gegründete Heimat-

1 Übersichtsplan Riesbach 1872
«Project Quai- und Quartieranlagen Seefeld»: Der Bebauungsplan-Entwurf der Gemeinde Riesbach des Gemeindeingenieurs Peter Huber-Werdmüller (1872) legt ein regelmässiges Strassennetz mit geschlossener Blockrandbebauung über bestehende Häuser und Feldwege
(Plan: BAZ/Baugeschichtliches Archiv der Stadt Zürich)

2 Bebauungsplan Zürich 1901
Der Bebauungsplan der Stadt Zürich aus dem Jahr 1901 zeigt (rot unterlegt) den Geltungsbereich der «offenen Bebauung» und (rot) die öffentlichen Hauptverkehrsstrassen.
(Plan (Ausschnitt): BAZ)

3 Übersichtsplan «Gross-Zürich», 1918

2

3

23

schutzbewegung und der zwei Jahre jüngere Bund Schweizer Architekten (BSA) zu den treibenden Kräften für eine Reform der Stadtplanung. Sie schrieben sich den «künstlerischen Städtebau» und die Förderung des Einfamilienhauses auf die Fahnen; die englische und deutsche Gartenstadt-Bewegung lieferte dazu die Ideen. Überschaubare, heimelige Kleinstädte mit traulichen Vorgärten und Ziegeldächern waren das neue Leitbild; es versprach Heilung von der ungesunden und letztlich unschweizerischen Lebensform Grossstadt. Die Zürcher Städtebau-Ausstellung von 1910 und der Städtebauwettbewerb *Gross-Zürich* 1915–1918 popularisierten die neue Auffassung von Stadtentwicklung; Hans Bernoulli lehrte sie an der ETH.

Im Wettbewerb *Gross-Zürich* wurde erstmals die weitere Stadtregion zum Thema: Der Planungsperimeter umfasste 22 Gemeinden. Alle prämierten Projekte folgten dem Paradigma der Gartenstadt. Als Wohnorte und «Heimat des neuen Menschen» (so der Titel eines Siegerprojekts) schlugen sie dezentral gelegene, rings von Grün umgebene Vorstadtsiedlungen vor, in denen das Einfamilienhaus vorherrschen sollte. Eine strikte Trennung der Funktionen Arbeit – Wohnen – Erholung – Verkehr wurde als Grundlage künftiger Stadtentwicklung propagiert. Hoch leistungsfähige Tram- und S-Bahnnetze wurden entworfen, um die entlegenen Gartenstädte mit der Kernstadt zu verbinden. Das Stadtzentrum selber sollte durch Verdichtung und den Ausbau innerstädtischer Verkehrsachsen für den wirtschaftlichen Wettbewerb gestärkt werden.

1918–1941: Wohnquartiere der Zwischenkriegszeit

Die wichtigste Forderung des Städtebauwettbewerbs *Gross-Zürich*, nämlich der planerische Zugriff auf die Region durch neue Eingemeindungen, wurde zu einem der umstrittensten Themen der späten Zwanzigerjahre: Für den Anschluss eines weiteren Rings von Vororten plädierten Planungsfachleute und die Linke. Das gesamte bürgerliche Lager dagegen wehrte sich vehement gegen die Ausweitung des städtischen Machtanspruchs und bekämpfte die Eingemeindung, als ob sich das Wachstum des «Molochs Grossstadt» dadurch verhindern liesse.

Eine erste Eingemeindungsvorlage scheiterte 1929 nach heftigem und hoch ideologischem Abstimmungskampf; eine reduzierte Vorlage wurde im Jahre 1931 schliesslich angenommen. 1934 wuchs die Stadt um acht Gemeinden und verdoppelte damit ihre Fläche. Seit diesem hart erkämpften Pyrrhussieg blieben weitere Eingemeindungen ein politisches Tabu.

Die Zürcher Stadtplanung der Zwischenkriegszeit war ganz von den Leitbildern des Wettbewerbs *Gross-Zürich* geprägt; die Reduktion baulicher Dichte in den Wohngebieten war ihr oberstes Ziel. Die städtische Bodenpolitik erreichte in den Zwanzigerjahren ihre Blüte. Die Stadt machte sich damals in den meisten Entwicklungsgebieten durch systematischen Landerwerb zur massgeblichen Grundeigentümerin. Dies gab ihr die Macht, grosszügig Grünflächen auszuscheiden und den sozialen Wohnungsbau zu einem prägenden Faktor der Stadtentwicklung zu machen. Der ordnende An-

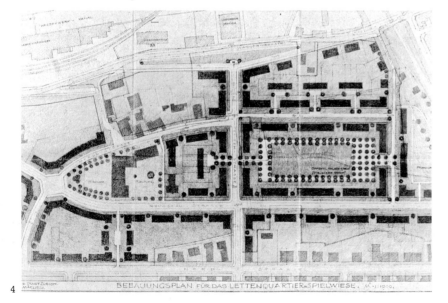

4

5

spruch der Stadtplanung erlebte eine massive Ausweitung: Einheitliche Strassenbilder, geprägt von horizontal gelagerten Baumassen, unterstreichen den Vorrang der Gemeinschaft vor den Partikularinteressen Einzelner.

An den städtischen Peripherien – im Milchbuckgebiet, am Friesenberg, in Wollishofen, in den westlichen Randquartieren – wurden bestehende Bebauungspläne aufgehoben und nach neuen Grundsätzen überarbeitet. Das Bebauungsplanbüro unter Konrad Hippenmeier löste die starren Rasterstrukturen auf und differenzierte zwischen Verkehrs- und Wohnstrassen. Besondere Bauordnungen reduzierten in diesen Quartieren die Geschosszahl und förderten eine horizontale, strassenparallele Ausrichtung der Bauten. Mit besonderen Bebauungsplänen und Bauordnungen schuf zur gleichen Zeit Stadtbaumeister Hermann Herter Quartiere von beeindruckender gestalterischer Prägnanz: so das Lettenquartier in Wipkingen oder das Sihlhölzli-Quartier beim Bahnhof Wiedikon. 1931 wurden die zahlreichen Quartier-Bauordnungen zu einer gesamtstädtischen Bauordnung mit sechs Bauzonen zusammengefasst.

Gartenstadt Friesenberg

Ein Musterbeispiel dieser Planungsarbeit ist das Gartenstadtquartier Friesenberg am Fuss des Üetlibergs: Nach dem Scheitern früherer Projekte überbaute die Familienheim-Genossenschaft Zürich ab 1925 etappenweise den flach geneigten Nordhang. Die Bebauung folgt einem Konzept von Stadtbaumeister Hermann Herter aus dem Jahr 1920. Parallele

Zeilen von Reihenhäuschen mit grossen Gärten folgen den Höhenlinien. Das weitmaschige Strassennetz wird durch zahlreiche Fusswegverbindungen ergänzt. Die vom Üetliberg herab führenden Bäche bleiben offen und durchziehen, von Grünstreifen begleitet, das Quartier als radiale Fusswegverbindungen. Kindergärten, Schulen und Kirche sind direkt an diese Grünzüge angebunden.

Vom gesamten Areal des Friesenbergs bleibt mehr als die Hälfte unbebaut und wird als Sportfläche, Schrebergärten, Friedhof oder als Landwirtschaftsfläche genutzt, durchzogen von aussichtsreichen Promenadenwegen. Die planmässige Anlage dieses Quartiers wurde durch eine ebenso planmässige Bodenpolitik ermöglicht: Die Stadt kaufte praktisch das gesamte Gelände schrittweise auf und konnte so seine Nutzung kontrollieren.

1942–1956: Die Ära Steiner

Nach dem Muster des Friesenbergs steuerten die städtischen Planer nach dem Zweiten Weltkrieg unter Albert Heinrich Steiner die städtebauliche Entwicklung monofunktionaler Wohnquartiere in den 1934 eingemeindeten Vororten wie Albisrieden, Seebach oder Schwamendingen. Die Verbindung von Wohnbausubventionen und Bodenpolitik gab den Behörden erhebliche planerische Macht. Sie nutzten diese Chance, indem sie für die neuen Stadtquartiere so genannte Überbauungspläne bereit hielten, die nicht nur Strassen und Grünflächen vorgaben, sondern auch die Stellung und Grösse der künftigen Bauten. Wollte eine Baugenossenschaft mit

4 Bebauungsplan Letten-Quartier, 1920

5 Bebauungsplan Friesenberg-Quartier, 1934

6 Überbauungsplan Schwamendingen, 1948

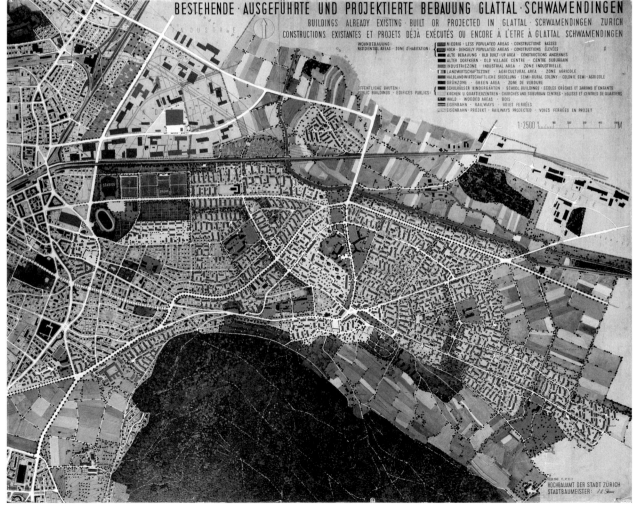

6

städtischer Unterstützung bauen, so hatte sie sich an die Vorgaben des – rechtlich nicht bindenden – Überbauungsplans zu halten.

Die massgeblich von Albert Heinrich Steiner geprägte Bau- und Zonenordnung (BZO) 1947 fasste die Grundsätze der Gartenstadtplanung zusammen. Sie regelte erstmals auch die Flächennutzung in Form von Industrie-, Wohn- und Landwirtschaftszonen.

Die wohl geordneten, grünen und in ihrer Ausstrahlung demokratischen Quartiere der Nachkriegszeit provozierten mit ihrer Monotonie bald erste Kritik. Sorgen bereitete zumal der enorme Landverbrauch, den die weiträumige Bauweise bedingte. Schon 1947 studierten die Zürcher Baubehörden unter Albert Heinrich Steiner den Bau von Hochhäusern zur Setzung städtebaulicher Akzente. Die ersten, nur elfgeschossigen Hochbauten entstanden 1951 am Letzigraben.

Einer misstrauischen Öffentlichkeit wurde das Hochhaus mit dem Versprechen schmackhaft gemacht, dass jeder Profit im Sinn einer Mehrausnutzung ausgeschlossen sei. Bis heute ist es im Kanton Zürich nicht möglich, die baurechtliche Ausnutzung durch Ausweichen in die dritte Dimension zu erhöhen. Die zusätzlich gewonnene Nutzfläche muss mittels vermehrter Freifläche in der Umgebung kompensiert werden. Man findet daher Hochhäuser im Gegensatz zu weniger regulierten Städten eher in den Wohnsiedlungen der Peripherie als in der City. Das Hochhaus wurde in der Schweiz stets nur als Ergänzung, nicht als Normalfall der Stadtentwicklung akzeptiert.

1957–1974: Dynamik der Hochkonjunktur

Das Wirtschaftswachstum der Nachkriegsjahrzehnte brachte in die Stadtentwicklung eine neue Dynamik, die sich den Ordnungsversuchen der Gartenstadt-Ära gründlich entzog. Nicht zu bewältigende Dimensionen erreichte insbesondere der Autoverkehr in der Stadt. Mit immer neuen und grösseren Strassenbauprojekten versuchten die Planer, der «Verkehrsnot» abzuhelfen. Der 1953 vorgeschlagene Cityring sollte als autobahnähnliche Schnellstrasse rund um die Altstadt den Staus zu Leibe rücken. Als in den späten Sechzigerjahren die Autobahnen immer näher an die Stadt heranrückten, profitierten die Verkehrsplaner von den Grünflächen, die in den Jahrzehnten zuvor geschaffen worden waren, und funktionierten sie zu preiswerten Verkehrsschneisen um. Entlang den Flüssen Limmat, Sihl und Glatt führten die geplanten Trassen zum Stadtzentrum, um sich im umstrittenen Y-Knoten beim Platzspitz zu vereinen.

Die Wachstumsdynamik der Hochkonjunktur trug zur Modernisierung der Hochbautechnologie bei und schwemmte wachsende Kapitalmengen in die Immobilienwirtschaft. Schon 1963 gab sich Zürich eine neue Bau- und Zonenordnung, die dem beschleunigten Wachstum mehr Raum gab: Die damalige Kernzone erlaubte und förderte in den citynahen Quartieren den Neubau von grossvolumigen Geschäftshäusern auf Kosten älterer Bausubstanz.

Verdichtung wurde seit Mitte der Fünfzigerjahre auch in den Aussenquartieren zum Thema. Unter Stadtbaumeister Adolf Wasserfallen wurden Ausnahmebewilligungen und der

7 Schemaplan Hirzenbach-Quartier, 1956

8 Geplanter Autobahnknoten Y, 1971

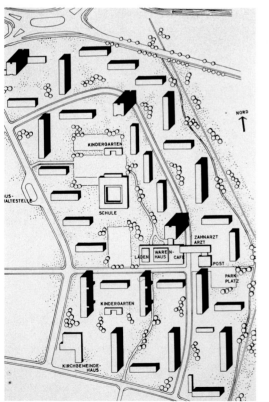

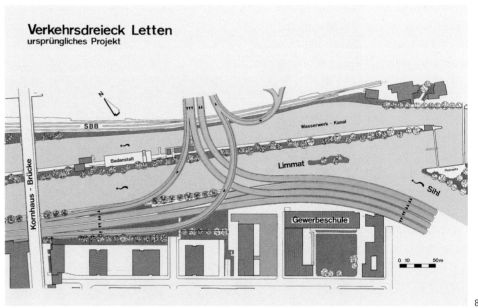

Arealbonus an Stelle von Subventionen zum wichtigsten Steuerinstrument. Mit dem Versprechen erhöhter Ausnützungen motivierte die Stadt private Grundeigentümer und Baugenossenschaften, sich an grossen Gesamtplanungen zu beteiligen: Von rationeller Stadtplanung in Form von Grossüberbauungen und rationellem Bauen mit vorfabrizierten Elementen erhoffte man Antworten auf chronische Wohnungsnot und Bauteuerung. Im Quartier Hirzenbach (Schwamendingen), in der Grünau (Altstetten) und anderen Randquartieren entstanden so Grosssiedlungen als öffentlich-private Kooperationsprojekte. Ihre Scheiben- und Punkthäuser bilden abstrakte räumliche Figuren und spannen zwischen sich weite, oft auffallend leere Freiflächen auf.

1975–1998: «Renovieren statt Demolieren»

«Stopp dem Häusermord» und «Nein zum Y»: Unter diesen Parolen kam Anfang der Siebzigerjahre die Wachstumseuphorie zum Stillstand. Gegen Hausabbrüche wehrten sich Mieter, Nachbarn und Besetzer; gegen die Autobahnpläne formierten sich erfolgreiche Bürgerinitiativen; Hochhäuser und Grosssiedlungen galten nur noch als Beitrag zum «Bauen als Umweltzerstörung» (so ein populärer Buchtitel von Rolf Keller).

Nicht zufällig wurde im Europäischen Denkmalschutzjahr 1974 die Karl-Steiner-Tochter Unirenova gegründet, die mit dem Slogan «Renovieren statt Demolieren» Werbung machte. Dieses Motto sollte die folgenden 25 Jahre prägen. Die Architektur ging in den Achtzigerjahren gewissermassen in den Untergrund: Private Hausbesitzer mieden das politische Risiko von Abbruch und Neubau immer mehr und tarnten ihre Neubauten als Auskernungen hinter historischer Fassade oder durch unterirdisches Bauen.

Das Planungs- und Baugesetz von 1976 gab dem Denkmalschutz eine wirksame gesetzliche Grundlage. Die Stadt erarbeitete in den Folgejahren eine neue Bau- und Zonenordnung (BZO), die den Schutz bestehender Quartierstrukturen und Freiflächen durch «Zonen auf den Bestand» ins Zentrum rückte. Heftige Konflikte zwischen Behörden, Bauwirtschaft und Bevölkerung begleiteten und verzögerten ihre Fertigstellung bis 1992. Hauptstreitpunkt war die unbeschränkte Öffnung der Industriezonen für neue Nutzungen, der sich die Stadt widersetzte, um über Gestaltungspläne die Transformation lenken zu können. Nach knapp gewonnener Abstimmung und einer Flut von Rekursen ersetzte die Kantonsregierung das Planungswerk 1995 kurzerhand durch einen eigenen Nutzungsplan (BZO Hofmann).

Das wieder erwachte Interesse an der Stadt und am Städtebau des 19. Jahrhunderts trug in den Achtzigerjahren zu einer Rehabilitierung des Wohnens in städtischer Dichte bei. In der stadtplanerischen Ära Koch (1986 bis 1998) wurde nicht nur gestritten: Im Tiefenbrunnen und in der Selnau entstanden urbane Wohnsiedlungen; über Gestaltungspläne wurden in Zürich West und Zürich Nord private Nutzungsansprüche erfolgreich mit öffentlichen Qualitätsanforderungen zum Ausgleich gebracht. Gesicherte Wohnanteile, öffentliche Parks und die Erhaltung Identität stiftender Bauzeugen

wie der Schiffbauhalle waren das Resultat langer Verhandlungen zwischen Stadt und Grundeigentümern.

Mehr Mut zur Stadt?

In den Jahren seit 1999 hat sich die Diskussion um die Stadtentwicklung entspannt – umso mehr wird gebaut. Zu grundsätzlichem Streit gibt am ehesten noch die Verkehrsplanung Anlass. Kooperative Planungsverfahren ermöglichen eine relativ schnelle Konsensfindung bei der Entwicklung und Umnutzung von Arealen. Dabei erweist sich der Rückgriff auf historische Quartiertypologien, die Leitlinie der Achtziger- und Neunzigerjahre, nicht immer als hilfreich. Beschleunigter Wandel erfasst auch die Gartenstadt-Quartiere der Vierzigerjahre: Abbruch und Neubau sind zu einer immer häufiger gewählten Erneuerungsoption geworden. Die damit einhergehende Verdichtung wirft die Frage auf, wie die vorhandenen Qualitäten der Gartenstadt zu transformieren seien: Will man die parkartigen Grünflächen schützen, wird man sich für kompakte und hohe Baukörper entscheiden müssen; soll dagegen das Wohnen im Einfamilienhaus weiterhin möglich sein, sind räumliche Verdichtungen nach holländischem Vorbild nicht zu vermeiden.

Der im August 2005 vorgelegte Entwurf zu einem neuen Planungs- und Baugesetz für den Kanton Zürich unterscheidet sich von seinem Vorgänger vor allem im stark gestrafften Umfang. Er fordert in §138 die Gemeinden auf, «eine verdichtete Bauweise» zu fördern, trägt aber selber wenig dazu bei, diese Verdichtung zu erleichtern. Zwar entfallen die bisherigen Mehrhöhen- und Mehrlängenzuschläge, für Hochhäuser gelten aber weiterhin die gleichen restriktiven Bedingungen wie schon vor sechzig Jahren. Und das sehr wirksame Instrument der Arealbebauung, das qualitätvolle einheitliche Grossüberbauungen ab 5000 Quadratmeter mit einem Ausnützungsbonus belohnte, ist aus dem neuen Gesetz gestrichen. Die seit hundert Jahren in der Schweiz vorherrschende Ablehnung baulicher Dichte scheint in den Köpfen der Verantwortlichen immer noch wirksam zu sein.

Autor: Daniel Kurz schreibt als Historiker über Architektur, Stadt und Wohnen. Er ist im Amt für Hochbauten der Stadt Zürich verantwortlich für Ausstellungen und Publikationen.

Bibliografie
Klaus-Dieter Hornberger, *Interdependenzen zwischen Stadtgestalt und Baugesetz. Untersuchung des Spannungsfeldes zwischen der stadträumlichen und der baurechtlichen Entwicklung im Verlauf des 20. Jahrhunderts, dargestellt am Beispiel der Stadt Zürich*, Diss. ETH, Zürich 1980.
Hanspeter Bärtschi, *Industrialisierung, Eisenbahnschlachten und Städtebau. Die Entwicklung des Zürcher Industrie- und Arbeiterstadtteils Aussersihl*, Zürich 1983.
Michael Koch, *Städtebau in der Schweiz 1800–1990. Entwicklungslinien, Einflüsse und Stationen*, Zürich 1992.

Daniel Kurz, «Zürich lernt von Gross-Berlin. Der Zürcher Bebauungsplanwettbewerb 1915–18 und seine Auswirkungen auf den Wohnungsbau», in: Wolfgang Hofmann, Gerd Kuhn (Hrsg.), *Wohnungspolitik und Städtebau 1900–1930*, Berlin 1993, S. 89–108.
Andreas Hauser, *Das öffentliche Bauwesen in Zürich, dritter Teil: Das städtische Bauamt 1798–1907*, Zürich 2000 (*Kleine Schriften zur Zürcher Denkmalpflege, 6*).
Daniel Kurz, Christine Morra-Barrelet, Ruedi Weidmann, *Das öffentliche Bauwesen in Zürich, vierter Teil: Das städtische Bauamt 1907–1957*, Zürich 2000 (a) (*Kleine Schriften zur Zürcher Denkmalpflege, 7*).
Baukultur in Zürich, Schutzwürdige Bauten und gute Architektur der letzten Jahre, Bd. 1 bis 4, Zürich 2002 ff.
Angelus Eisinger, *Städte bauen, Städtebau und Stadtentwicklung in der Schweiz 1940–1997*, Zürich 2004.

AUF DEM WEG ZU EINEM ROTEN ZÜRICH?

Wohnbaugenossenschaften in der Stadt Zürich Genossenschaftliche Siedlungen, historische und solche neueren Datums, prägen die Stadt Zürich. Der Marktanteil der Genossenschaftswohnungen liegt um 19 Prozent, in den Jahren 2001–2003 machten sie knapp 23 Prozent aller neu erstellten Wohnungen aus. In der letzten Zeit sorgen einige Genossenschaften mit innovativer Architektur und interessanten städtebaulichen Ansätzen für Aufmerksamkeit – und erregen mit ihrer Preis- und Bewohnerpolitik, die bewusst auf eine gehobene Zielgruppe ausgerichtet ist, auch harte Kritik.

Text: Axel Simon

Zürich ist eine Hochburg der Wohnbaugenossenschaften. Ein Viertel der rund 145 000 genossenschaftlichen Wohnungen des Landes stehen in der grössten Stadt der Schweiz. Ebenfalls 25 Prozent macht der Anteil gemeinnütziger Wohnungen aus: Mehr als zwei Drittel davon sind genossenschaftlich, der Rest ist in den Händen von Stiftungen oder der Stadt. Momentan besitzen die rund 100 Wohnbaugenossenschaften in Zürich über 36 000 Wohnungen.

Rund siebzig Prozent der Genossenschaftsbauten wurden zwischen 1921 und 1960 gebaut, obwohl in diesem Zeitraum nur ein Viertel aller Schweizer Gebäude entstanden. Genossenschaften bauen häufig dann, wenn es wirklich nötig ist – in Zeiten von Wohnungsmangel, hohen Baukosten und teurem Bauland. Sie wollen nicht dem Markt dienen, sondern zum Wohl ihrer Genossenschaftler den Wohnraum dauerhaft der Spekulation entziehen und in Kostenmiete vermieten, das heisst: so günstig, dass er sich gerade selber trägt. Aus Spargründen sind die alten Wohnungen daher meist eher bescheiden bemessen: Fast die Hälfte der genossenschaftlichen Wohnungen in Zürich sind 3- oder 3,5-Zimmer-Wohnungen.

Für den Stadtrat ist das der Hauptgrund, warum jedes Jahr an die 1000 Familien mehr das Stadtgebiet verlassen, als neue hinzuziehen – es mangelt an grossen Wohnungen im Stadtgebiet. 1998 lancierte er daher das Programm *10 000 Wohnungen in 10 Jahren*, das privaten Investoren Anreize zum Bauen gab und Genossenschaften städtische Grund-

stücke im Baurecht zur Verfügung stellte, damit diese Siedlungen mit vor allem grossen Familienwohnungen errichteten. Quantitativ scheint die Rechnung aufzugehen, auch wenn Kritiker sagen, der Zuwachs an Wohnraum werde allein durch den erhöhten Platzbedarf pro Person geschluckt. Entscheidend ist jedoch: Der Anteil der Einheiten mit vier oder mehr Zimmern am gesamten Wohnungsbestand wuchs seit 1998 von 27 auf 29 Prozent und nähert sich schnell der 30er-Marke. Deutlich mehr als die Hälfte der neu gebauten Wohnungen sind gross.

Architektonische Qualität

Mindestens ebenso entscheidend ist der Zuwachs an architektonischer Qualität. Unter den historischen Zürcher Genossenschaftsbauten findet man selten besonders prägnante oder gar innovative architektonische Lösungen, wie sie die Städte Berlin, Frankfurt oder Wien aus ihrer «roten» Zeit besitzen.

Eine Ausnahme bildet die 1930–1932 von der Genossenschaft Neubühl errichtete Werkbundsiedlung Neubühl (Architekten: Paul Artaria, Max Ernst Haefeli, Carl Theodor Hubacher, Werner Max Moser, Emil Roth, Hans Schmidt, Rudolf Steiger). Die für den Mittelstand erbaute Wohnanlage gilt heute als wichtigste Siedlung des Neuen Bauens in der Schweiz. Doch in der Regel hatte Zürich bisher mit seinen Genossenschaftsbauten mehr oder weniger gute Hausmannskost, sowohl in Bezug auf städtebauliche als auch auf architektonische Ansätze.

Dies hat sich in jüngster Zeit geändert. Mit den Baurecht-verträgen mussten und müssen sich die Genossenschaften verpflichten, einen Wettbewerb auszuloben, der in der Regel von einem jungen Team des Hochbauamtes organisiert wird. In den Jurys dieser meist selektiven Verfahren ist die Stadt stark vertreten und sorgt bei der Auswahl der Wettbewerbs-teilnehmer für einen grossen Anteil junger Teams. Das er-klärt, warum seit einigen Jahren interessante Genossen-schaftsbauten junger Architekten in Zürich geradezu aus dem Boden schiessen. Der aktuelle Markt verlangt dezidiert nach «individuellen» Wohnungen. Die Architekten nutzen das zum Ausloten besonderer räumlicher Qualitäten und kon-zentrieren sich dabei auf Themen, die sie interessieren.

Die Beispiele sind bekannt: Bei der Siedlung Stöckenacker in Affoltern (2002, Baugenossenschaft Süd-Ost) nahmen Von Ballmoos Krucker Architekten die Nachbarhäuser aus den Siebzigerjahren zum Anlass, das Konstruktionsprinzip der schweren Vorfertigung architektonisch neu zu interpretie-ren; die Siedlung Hegianwandweg in Friesenberg (2003, Fa-milienheim-Genossenschaft FGZ) von EM2N Architekten ist die erste Zürcher Holzbausiedlung mit fünfgeschossigen Häusern; die beiden Hausgebirge von pool architekten in Leimbach (2005, Baugenossenschaften Freiblick und Zurlin-den) beeindrucken nicht nur durch ihre Plastizität, sondern auch mit ihren tiefen und über zwei Geschosse ineinander verschachtelten Wohnungen (*archithese* 1.2003, 1.2004 resp. 1.2006).

Luxus für die Genossen?

Als dieses Jahr Bünzli Courvoisier in Albisrieden die Siedlung Hagenbuchrain fertig stellten (Baugenossenschaft Sonnen-garten), ging ein Raunen durch die Architektenschaft: ein Wohnzimmer mit 44 Quadratmetern! Bronzefenster! Eigens entworfene Sonnenstoren! Eine solch noble Detaillierung kannte man bis anhin nur im obersten Segment des privaten

1 «Ringling», Zürich-Höngg, geplante Bauein-gabe 2006
Architektur: Urs Primas, Franziska Schneider, Jens Studer, Architekten ETH, Zürich; Mitarbeit: Sibylle Küpfer, Susanne Frank, Giulio Wagner; Tragkon-struktion: Ergun Karamuk, KARTEC Engineering GmbH, Zollikerberg; Bauleitung + Kosten: Caretta + Weidmann Bauma-nagement AG, Mauro Caretta, Roland Denier, Zürich; Verkehrspla-nung: Klaus Zwei-brücken, Büro für Verkehrs- und Raumplanung, Zürich; Haustechnik und Energie-konzept: Basler & Hofmann Ing. und Planer AG, Beat Gasser, Alex Primas, Zürich; Bauphysik und Akustik: BWS Labor AG, Christoph Keller, Winterthur; Landschaftsarchi-tektur: Klaus Müller, Zürich; Bauherr-schaft: Baugenos-senschaft Sonnen-garten, Gemeinnüt-zige Bau- und Mietergenossen-schaft, Stiftung für Alterswohnungen, Zürich

Wohnungsbaus (*archithese* 4.2005). Andere Projekte bestäti-gen diese Tendenz. Die Wohnungen an der Paul-Clairmont-Strasse (Baugenossenschaft Rotach), die im kommenden Frühjahr von Patrick Gmür und Jakob Steib fertig gestellt werden sollen, besitzen ebenfalls einen Wohnraum mit 44 Quadratmetern, hier allerdings mit integrierter Küche. Die raumgrossen Balkone sind durch geschossweisen Versatz zwei Stockwerke hoch und mit Holzboden belegt, die Haupt-räume der Wohnungen mit einem hellen Steinboden.

Ausser in Zeiten der Krise bauten Genossenschaften schon immer etwas solider als Privatinvestoren. Während diese ihre Gebäude nach zwanzig Jahren, kurz bevor eine grundlegende Sanierung ansteht, gern verkaufen, bleiben die Häuser der Genossenschaften in deren Besitz und sollten möglichst wenig Wartungs- und Sanierungsaufwand mit sich bringen. So begründet man die Wahl eines teuren Fassaden-materials damit, es sei günstig, weil wartungsarm – wie zum Beispiel beim geplanten Ersatzneubau in Leimbach (Bauge-nossenschaft Hofgarten) von Galli Rudolf.

Betrachtet man neben den Steinböden und grossen Wohn-räumen der Paul-Clairmont-Strasse und der Siedlung Hagen-buchrain auch den jeweiligen Mietpreis – über 2700 Franken für eine 4,5-Zimmer-Wohnung –, so wird klar: Die Genossen-schaften bauen in diesem Fall für eine neue Zielgruppe. Und hier setzt die Kritik an.

Beispielsweise die von Peter Schmid, Präsident der ABZ, der grössten Baugenossenschaft Zürichs, und Vorstand des Schweizerischen Verbandes für Wohnungswesen (SVW), der Dachorganisation der Wohnbaugenossenschaften. Seiner Meinung nach war das, was das Amt für Hochbauten Zürich in den ersten Jahren des Wohnbauprogramms betrieb, «Ar-chitektenförderung, nicht Genossenschaftsförderung» und daher falsch. Beim gemeinnützigen Wohnungsbau ginge es darum, Wohnungen anzubieten, die unter 2000 Franken kos-ten – und nicht, besonders ausgefallene Häuser zu bauen. Die

ABZ organisiert daher ihre Wettbewerbe selbst, gewichtet die Kostenkontrolle sehr stark, unter anderem mit GU-Vertretern in der Jury, und baut, laut Schmid, zu gleichen Preisen wie die günstigste Privatfirma Leopold Bachmann. Das Ergebnis: Eine 4,5-Zimmer-Wohnung in der ABZ-Siedlung Regina-Kägi-Hof in Neu-Oerlikon von Theo Hotz (2001) kostet 1600 Franken. Die Kehrseite: Als Architekten kommen grösstenteils «alte Hasen» zum Zuge, wie die beiden Bauvorhaben der ABZ in Zürich-Affoltern bestätigen – 180 Wohnungen von Egli Rohr Partner und 280 Wohnungen von Baumschlager Eberle.

Die Kritik von Andreas Hofer, Mitinitiant der Genossenschaft KraftWerk1 und heute ebenfalls im Vorstand des SVW, ist härter: «*10 000 Wohnungen* war ein neoliberales Programm. Es wurde mehr oder weniger offen deklariert, dass man keine günstigen Wohnungen haben wollte.» Manche Baugenossenschaft hätte nach dem Wettbewerb für Reiche bauen müssen statt für die angepeilte Mittelschicht.

Widerstand gegen Neubauten

Hofer und Schmid sind sich einig: Die Situation habe sich inzwischen massiv verbessert. Das Amt für Hochbauten habe dazugelernt und schaue bei seinen Wettbewerben viel stärker auf die Kosten der Projekte und darauf, dass sie eingehalten werden.

Das bestätigt auch Michael Hauser vom Amt für Hochbauten. Anfangs habe man aus stadtentwicklungspolitischen Gründen vor allem Familien und gute Steuerzahler mit den neuen Wohnungen ansprechen wollen. Später sei der soziale Aspekt wieder mehr hervorgehoben worden. Seit 2002 heisst das Legislaturziel wesentlich breiter *Wohnen für Alle* und beinhaltet auch Alters- und Jugendwohnen. An der Juryzusammensetzung habe sich nichts verändert, der Einfluss des Amtes für Hochbauten ist weiterhin gross, dafür spielt die Kommunikation mit den Bauherren eine grössere Rolle.

2 **Werkbundsiedlung Neubühl, Zürich-Wollishofen, 1932**
Architektur: Paul Artaria, Max Ernst Häfeli, Carl Theodor Hubacher, Werner Max Moser, Emil Roth, Hans Schmidt, Rudolf Steiger; Bauherrschaft: Genossenschaft Neubühl (Ueli Marbach, Arthur Rüegg, Werkbundsiedlung Neubühl, Zürich 1990, S. 62)

Ausserdem sorgt nun ein Kosten-Tool dafür, dass die teilnehmenden Architekturbüros während des Wettbewerbs selbst die Kosten-Nutzen-Relation ihres Projektes beurteilen und korrigieren können.

Auch wenn die neuen, grossen Wohnungen nicht billig sind – das Preis-Leistungs-Verhältnis stimmt. Das Problem ist die «gefühlte Miete» von Genossenschaftlern, die vorher in einer alten, kleinen und billigen Wohnung gewohnt haben. Das ist der Grund, warum beim Thema Ersatzneubau die Wellen hoch schlagen und die Nerven vieler Betroffener blank liegen. Viele der alten Siedlungen weisen nämlich nicht nur zu kleine Wohnungen auf, sondern auch starke bautechnische Mängel, sie sind sanierungsbedürftig. Diese schlechten, aber oft sehr billigen Wohnungen sorgen für eine starke Entmischung der Siedlungen; soziale Brennpunkte drohen. Die Tatsache, dass viele Häuser nicht ökonomisch angemessen saniert werden können, sowie eine angestrebte höhere Ausnutzung und die gewünschte soziale Durchmischung machen in vielen Fällen einen Ersatzneubau unumgänglich. Da es sich aber bei Genossenschaftlern nicht um Mieter handelt, die vor vollendete Tatsachen und im Ernstfall vor die Tür gestellt werden können, sondern um stimmberechtigte Mitbesitzer, kommt es oft genug zu Schwierigkeiten.

So wurde das Projekt von Burkhalter Sumi, sechs Häuser der Siedlung Sunnige Hof aus den Vierzigerjahren durch Neubauten zu ersetzen, vor drei Jahren an der Generalversammlung der gleichnamigen Genossenschaft abgelehnt. Erst beim zweiten Anlauf, im Mai 2005, kam der Antrag durch. Massiver Widerstand formierte sich auch in der Gartenstadtsiedlung Katzenbach in Zürich-Seebach (Baugenossenschaft Glatttal). Die kleinen, schmucken Reihenhäuser mit Garten verlassen, um in einer grösseren Wohnung mehr Miete zu zahlen? Nach sehr frühzeitiger und regelmässiger Information und heftigen Diskussionen wurden die fünfgeschossigen Neubauten der Architektin Zita Cotti abgesegnet.

Neue Ansätze in Planung und Architektur

Schaut man die bereits lange Liste ausgeführter, im Bau befindlicher oder projektierter genossenschaftlicher Wohngebäude in Zürich nach Formen innovativem Zusammenwohnens durch, so stösst man auf zwei Genossenschaftsgründungen aus dem Jahre 1995: Dreieck und KraftWerk1. Das letzte Beispiel löste mit seinen Neubauten 2001 architektonische Diskussionen aus. Rund 350 Menschen wohnen in einem grossen und vier kleineren Häusern in Zürich West, von denen eines der PWG (Stiftung zur Erhaltung von preisgünstigem Wohn- und Gewerberaum der Stadt Zürich) gehört. Der «Impact auf die genossenschaftliche Bewegung» sei gross, resümiert Andreas Hofer die ersten vier Jahre des Experiments. Viele andere Genossenschaften kamen und schauten sich einzelne Dinge ab – «wie bei einem Baukasten für Innovation». Vieles, was bei Planungsbeginn vor sechs Jahren noch gerechtfertigt werden musste, ist heute Standard: Minergie und über zwanzig Meter tiefe Grundrisse oder Raumprogramme, die nicht nur Kleinfamilien aufnehmen können.

3 Wohnüberbauung
Paul Clairmont-
Strasse, Zürich,
geplanter Bezug
April 2006
Architektur: Gmür &
Steib Architekten
AG, Zürich; Projekt-
leitung: Nicole
Deiss, Barbara
Ruppeiner; Baulei-
tung: GMS Partner
AG, Zürich-Flugha-
fen (Jürg Brühl-
mann); Bauherr-
schaft: Baugenos-
senschaft Rotach,
Zürich; Tragkon-
struktion: Dr.
Lüchinger + Meyer
AG, Zürich (Marcel
Gromann); Koordi-
nation Haustechnik:
Beat Friedrich
Haustechnik,
Schlieren (Thomas
Lüthy); Sanitäringe-
nieur: Beat Friedrich
Haustechnik,
Schlieren; HLKK-
Ingenieur: Waldhau-
ser Haustechnik AG,
Basel; Elektroinge-
nieur: Mettler &
Partner, Zürich;
Bauphysik/Bauakus-
tik: Zehnder + Kälin,
Winterthur

Die Zahl im Namen sagt, dass die Bau- und Wohngenos-
senschaft KraftWerk1 von Anfang an über Folgeprojekte
nachdachte. Die Ideen reichen von einer Erweiterung der ersten Siedlung bis hin zum Neubau am Stadtrand. Hofer: «Damals waren innerstädtische Industriebrachen das Thema,
vielleicht sind heute Orte wie Schlieren spannender.» Um an
geeignete Grundstücke zu kommen, aber auch um die Nachteile bestimmter Entwicklungsgebiete, zum Beispiel ihre iso-
lierte Lage, ausgleichen zu können, haben sich grosse und
kleine Genossenschaften zusammengetan. Auf Initiative des
Schweizerischen Verbandes für Wohnungswesen (SVW) haben sie vor zwei Jahren die IG Neues Wohnen Zürich gegründet und wollen Areale entwickeln, die für einzelne Baugenossenschaften zu gross sind. Man steht in Verhandlungen
mit Grundeigentümern, alles sei jedoch noch sehr vage. Dabei hätten sie, so Geschäftsführer Markus Zimmermann, eigentlich einen Marktvorteil gegenüber den privaten Investoren, weil sie nicht gewinnorientiert arbeiten würden.

Die Zusammenarbeit verschiedener Genossenschaften
trägt schon Früchte. So teilen sich die Baugenossenschaften
Freiblick und Zurlinden die beiden Blöcke in Leimbach von

4 Ersatzneubau,
Zürich-Leimbach,
geplante Fertigstel-
lung Frühling 2007
Architektur: Galli &
Rudolf Architekten,
Zürich; Bauherr-
schaft: Genossen-
schaft Hofgarten,
Zürich; Bauherren-
vertretung: Wohn-
BauBüro AG, Dieter
Hanhart, Uster;
Tragkonstruktion:
Ingenieurbüro Beat
Kocher, Bülach;
Haustechnikinge-
nieure: Polke, Ziege
von Moos AG,
Zürich; Landschafts-
architektur: Andreas
Tremp, Landschafts-
architekt BSLA,
Zürich

pool architekten, und jüngst wurde in Zürich-Höngg ein Wettbewerb entschieden, bei dem die Baugenossenschaft Son-
nengarten, die Gemeinnützige Bau- und Mietergenossen-
schaft und die Stiftung Alterswohnen je ein Drittel der rund
250 Wohnungen übernehmen werden. Der «Ringling» der
jungen Architekten Urs Primas, Franziska Schneider und Jens
Studer erinnert mit seiner Expressivität an die Höfe des Roten Wien: Ein riesiges, fünf- bis achtgeschossiges Gebäude
umschliesst eine grosse Wiese, die durch auffällige, nach
oben spitz zulaufende Durchgänge betreten wird. Das Projekt
thematisiert die Gemeinschaftlichkeit genossenschaftlichen
Wohnens. Ist es erst realisiert, wird das Gebäude vielleicht
zum Ausdruck eines neuen genossenschaftlichen Selbstbe-
wusstseins werden.

Autor: Axel Simon ist freier Architekturkritiker in Zürich.

ZWISCHEN METROPOLIS UND ARKADIEN

Ein Blick von aussen auf Zürich In den Augen des niederländischen Architekten und Stadtplaners Kees Christiaanse erscheint Zürich als bemerkenswert gut funktionierendes Ensemble von Kernstadt und Peripherie. Vier Entwürfe des Autors zeigen mögliche Planungsansätze für sehr unterschiedliche Situationen in Zürich.

Text: Kees Christiaanse

Wenn man als Ausländer in der Schweiz landet, glaubt man, hier sei alles in Ordnung. Zwar haben die Schweizer gegen Krankheit, Alter und Tod noch kein Mittel erfunden – aber sie haben eine schöne Kulturlandschaft ohne Ghettos, ohne grosse Mobilitätsprobleme und ohne ausufernde Städte.

Fragt man mich, mit welchen Städten Zürich zu vergleichen wäre, fallen mir spontan San Francisco und Amsterdam ein: San Francisco wegen der aussergewöhnlichen geografischen Lage und wegen der klaren, «angelsächsisch-pazifischen» Atmosphäre, die durch die Anwesenheit einer grossen Zahl gut ausgebildeter und international orientierter Menschen entsteht; Amsterdam wegen der unglaublichen kulturellen Dichte und der vielfältigen Interaktionen, welche der Stadt – trotz ihrer bescheidenen Einwohnerzahl und ihrer kleinen Oberfläche – die Qualität einer Metropole verleihen. Zürich ist keine Immigrantenstadt mit sichtbar unterschiedlichen Bevölkerungsgruppen – die Immigranten sind ja auch überwiegend weiss. Die Internationalität sitzt Zürich in den Genen. Erstens haben sich seit alters her unterschiedliche Schweizer Volksstämme hier vermischt, und zweitens wirken die heutigen Immigranten integrierter als in anderen Ländern. Für mich hat Zürich keinen Röstigraben: Trotz der deutschen Dominanz spürt man eine gewisse Verflechtung mitteleuropäischer, mediterraner und sogar angelsächsischer Kulturen.

Wesentlich für Zürichs grossstädtische Kondition sind die Einbindung in eine dichte polyzentrische Städteregion und eine perfekte Verkehrsinfrastruktur sowohl für den motorisierten als auch für den öffentlichen Verkehr – inklusive zweier internationaler Flughäfen. Vielleicht noch wesentlicher ist aber die Position Zürichs in der Hierarchie der Beziehungen zwischen Kernstadt, Agglomeration, polyzentrischer Städteregion und EU-Region.

Generell kann man Grossstadt-Agglomerationen als Archipele von Inseln unterschiedlicher Charakteristik betrachten. Diese Betrachtungsweise löst immer wieder heftige Debatten zwischen den Theoretikern der kompakten Stadt und denjenigen der *generic city* aus. In der Regel ignorieren beide Parteien, dass eine zeitgenössische Agglomeration gerade dann gut funktioniert, wenn es eine klare Hierarchie der Funktionen, Stadträume und der Charakteristika zwischen der Kernstadt und den umliegenden Agglomerationsteilen (den Inseln) gibt – mit anderen Worten: eine komplementäre Abhängigkeit.

Dabei geht es nicht nur um die Identität und die Qualität der Inseln selber, sondern auch um die Hierarchien und Beziehungsnetze zwischen den Inseln, welche die Agglomeration zu einem lebendigen Organismus machen. Zürich ist das Beispiel par excellence eines gesunden Verhältnisses zwischen Kernstadt und Peripherie, ein stimmiges Gleichgewicht in einer prächtigen Topografie. Im vom Rheineck bis Genf weitgehend urbanisierten und von Alpen und Jura flankierten Mittelland überzeugt die Reibung zwischen Kulturlandschaft und Siedlungskonzentration viel mehr als im Randstad-Holland oder im Ruhrgebiet – eine gewachsene Euroversion von Frank Lloyd Wrights Broadacre City. Man ar-

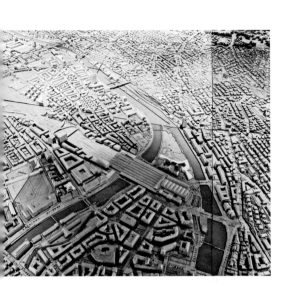

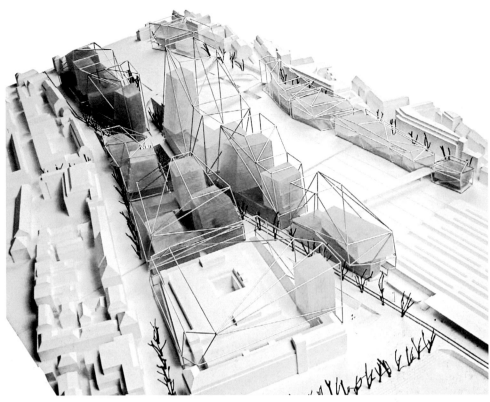

1

2

beitet und wohnt in einem Netz: morgens eine Besprechung in Basel, nachmittags Einkaufen in Bern, abends ins Theater in Zürich, und dann nach Hause, irgendwo auf einen «Stadtbauernhof» bei Aarau.

Genau diese – gerade noch positive – Reibung zwischen Kulturlandschaft und Siedlungskonzentration, zwischen Bergen und Flachland trägt dazu bei, dass Zürich sich in Bezug auf die Lebensqualität auf Platz eins unter den Global Cities befindet. Durch die gewachsene Überlagerung von Kulturlandschaft, politischer Dezentralisation und Urbanisierung gibt es keinen Kontrast zwischen Metropolis und Arkadien. Das Urige der Kulturlandschaft ist endemisch im Städtischen verankert und kommt überraschend an die Oberfläche: Haustüren sind nicht abgeschlossen, Feuer im Freien scheint ein Grundrecht zu sein, die aus Weiden geflochtenen Postkarren stehen nachts unüberwacht an den Strassenecken, der Metzger lässt einen bei fehlendem Wechselgeld später bezahlen, Leute kommen in Wanderkleidung zur Arbeit, Gartenpflege kann von den Steuern abgezogen werden, und beim Bauern neben der ETH kann man frische Milch trinken.

Mit diesem Blick von aussen und einiger Erfahrung in anderen Agglomerationen arbeiten wir an der ETH und im Büro KCAP ASTOC an Strategien und Instrumenten für die Planung von unterschiedlichen Teilen von Zürich.

Stadtraum HB

Das Bahnhofsquartier in Zürich einschliesslich der Bahnhofstrasse ist eine Kombination von Transit-Hub, Einkaufszentrum, Urban Entertainment Center und traditionellem urbanem Treffpunkt. Allgemein erleben Bahnhofsquartiere heute eine zunehmende Funktionsdurchmischung, welche die Begriffe öffentlicher Raum und Urbanität auf den Prüfstand stellt. War der öffentliche Raum bis 1900 das Medium aller Formen der Kommunikation, ist er gegenwärtig nur einer von vielen Formen der menschlichen Interaktion.

Werner Sewing suggeriert in *Vom Mob zur Mall*, dass in Europa – im Gegensatz zu den USA – die Privatisierung des öffentlichen Raums und die damit einhergehende Ausgrenzung von Randgruppen weniger problematisch sind als die Homogenisierung des Konsumverhaltens der Masse. Diese bewirkt nämlich, dass die Elite sich zurückzieht – sogar aus der Bahnhofstrasse. Doch wie Arnold Reyndorp meint, «real public space is when certain groups predominate without excluding others».

Das Zürcher Bahnhofsquartier wird vor allem bestimmt durch die Dichte der Nutzungen, den 24-Stunden-Rhythmus der Menschenströme, die Reibung zwischen sozialen Netzen und die katalysierende Wirkung der Bahnhofshalle, einer einzigartigen Veranstaltungsmaschine mit nationaler Ausstrahlung; all dies vor dem Hintergrund einer prächtigen historischen Stadtstruktur.

Der Entwurf für den neuen Stadtraum HB verdankt seine Selbstverständlichkeit der Fortsetzung dieses urbanen Komplexes. Die Struktur der öffentlichen Strassen und Plätze, die durch eine Diagonale dominiert wird, bildet eine Konfiguration von Blöcken, die sich typologisch zwischen dem Block-

1+2 **Stadtraum HB, Übersicht im Stadtmodell und Modell des Perimeters** Als Nutzungen sind Dienstleistung, Wohnen, Hotel, Verkauf, Gastronomie, Aus- und Weiterbildung sowie Freizeit vorgesehen. Geplanter Realisierungszeitraum: 2008 bis 2018

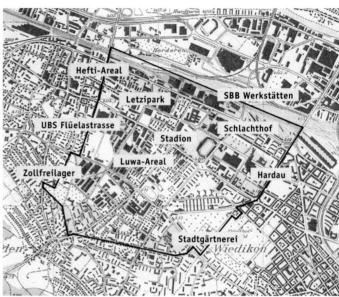

3

4

3+4 **Letzi, Luftbild und Übersicht der Areale mit hohem Entwicklungspotenzial** (Stadt Zürich, *Letzi. Grundsätze für die Gebietsentwicklung,* Mai 2005)

rand mit seinen geheimen Innenwelten und eher solitären, skulpturartigen Baukörpern bewegt.

Bei einem derartigen Viertel muss vermieden werden, dass Architektur und Programmierung allzu einheitlich ausfallen, denn sonst entsteht ein Ensemble, das sich von seiner Umgebung absondert. Um die zunehmende Dynamik des urbanen Lebens wirken zu lassen, ist das Viertel deshalb «unprogrammiert». Dabei werden für verletzliche und nachhaltige Funktionen wie das Wohnen Mindestanteile festgesetzt; auch sollten die Erd- und Zwischengeschosse weitgehend öffentlich genutzt werden.

Um eine gewisse Feinkörnigkeit zu gewährleisten, sollten die Baublöcke aus mehreren Bauabschnitten bestehen und unterschiedliche Architekturen zulassen. Wie in Barcelona bestimmt ein Regelwerk eine um die zwanzig Meter variierende Bauhöhe, und wie in New York sind darüber hinaus unter Einhaltung eines *set-back* höhere Häuser erlaubt. Die *set-back*-Regel gewährleistet einen stabilen Charakter der *streetscape,* unabhängig von der Anzahl und Position der Hochhäuser. Selbstverständlich ist die Zürcher Hochhausdebatte hochaktuell für das Bahnhofsgebiet. Zurzeit werden Hochhäuser in Zürich nur an wenigen Schlüsselstandorten akzeptiert – etwa der Swiss Prime Tower beim Hardplatz oder das Bluewin-Hochhaus beim Escher-Wyss-Platz. Da aber der Druck, hoch zu bauen, auch in Zürich wahrscheinlich nicht nachlassen wird, ist langfristig mit einer «Inflation» von Hochpunkten zu rechnen. Auf der Ebene der «Archipele» braucht dies kein Problem zu sein: Hochpunkte können ein

Haussmann'sches Orientierungssystem zwischen den unterschiedlichen Inseln bilden und damit die Lesbarkeit der Stadt verbessern.

Neben der Hochhausdebatte gibt es die Diskussion über die Dichte. Erfahrungswerte ergeben für diese Art von Stadtteilen eine Dichte von 2,5 bis 4. Aber was sagt diese Zahl eigentlich aus? In vielen Städten wird die Dichte eines neuen Entwicklungsgebiets von der Verkehrsbelastung bestimmt. In der City von London erreicht die Dichte mehr als 5, wie auch in Tokio, deren Dichte von der Kapazität der Fussgängerströme bestimmt wird. Im Zürcher Bahnhofsquartier sollte die Dichte kein Thema sein: Das Bahnhofsgebiet als *social condensor* der Schweiz kann jede Dichte verkraften.

Letzi

Die Geschwindigkeit, mit der sich Stadtstrukturen wandeln, nimmt ständig zu. Der Lebenszyklus von Gebäuden wird immer kürzer. Erschliessungssysteme werden angelegt und nach zehn Jahren wieder verlegt, Industrieareale verwandeln sich in Wohngebiete und umgekehrt. Doch die Baukultur reagiert kaum auf diese Trends: Gebäude und Infrastruktur werden für spezifische Programme und für die Ewigkeit entworfen, basierend auf dem stabilen Wert von Grundbesitz und Immobilien. Dies mag angehen, weil es auch immer billiger wird, Strukturen zu ersetzen. Trotzdem fordern Stadtumbauprozesse Strukturen, die relativ unabhängig von einer fixen Programmierung sind, ohne einer charakterlosen Flexibilität zu verfallen.

5

Es gibt viele Strukturen, die sich ständig erneuern, obwohl sie auf Grundlagen basieren, die ursprünglich für andere Bebauungsarten entwickelt worden sind – ein Nachweis für ihre Fähigkeit, Fremdkörper aufzunehmen. Sie erleben sozusagen «unsichtbare» Transformationen. Dieses Phänomen nenne ich *unprogrammierte Stadt*: Die historische Kontinuität der baulichen Substanz und die ständig ändernden Aktivitäten entwickeln sich relativ asynchron, aber im Dialog.

Das Gebiet Letzi in Zürich ist ein Beispiel für die unprogrammierte Stadt. Hier kommen alle denkbaren Funktionen in allen denkbaren Massstäben zusammen: Schlachthof, Reihenhäuser, Stadion, Shopping Mall, Verteilerzentrum, Wohntürme und Park, verbunden mit einem grosszügigen Strassenmuster ohne Mobilitätsproblem. Dieser kräftige Kontext erzeugt eine entspannende räumliche Qualität, die eine ständige Transformation mit bestimmten Freiheiten zur Folge hat. Wollen wir eine derartige Situation, die normalerweise durch Homogenisierung und Gentrifizierung langfristig verschwinden würde, schützen, muss eine aktive Steuerung eingesetzt werden. Diese würde zudem einen Schutzmechanismus gegen die «Hässlichkeit» entwickeln, weil die Struktur auf Vielfalt basiert und nicht auf einer – illusorischen – Harmonie.

Science City

Silicon Valley ist das Beispiel eines ursprünglich monofunktionalen Gebiets, das durch Anziehung sekundärer Einrichtungen und Dienstleistungen zu einer gewissen Durchmischung gelangt ist. (Joel Garreau spricht von einem Ansatz zur Urbanität, wenn in einer Edge City die erste *second-hand*-Buchhandlung erscheint.) Diese Deutung kann uns helfen, ein Entwurfskonzept für einen Universitätscampus wie den ETH Hönggerberg zu entwickeln. Wir können eine Mischung erreichen, welche die Aufenthaltsqualität sowie den Tages- und Nachtrhythmus verbessert, eine katalysierende Wirkung auf die Interaktion mit den umliegenden Stadtinseln erzeugt und dadurch sekundäre Einrichtungen anzieht. Auch Wohnen soll seinen Platz haben.

Es gibt weltweit einige gelungene Planungen dieser Art. So befindet sich die Harvard University in einem parkartigen Setting, wobei die Fakultäten einen Dialog mit den umgebenden Vierteln aufnehmen. Hier kann man beobachten, dass ein lebendiges Viertel nicht ohne weiteres eine feinkörnige Durchmischung von allen Nutzungen bedeuten muss – dies führt manchmal zu einer entropischen Suppe; vielmehr geht es um komplementäre Nutzungskonzentrationen von beschränkter Grösse, die klein genug sind, um eine gegenseitige Wechselwirkung zu erzeugen, und gross genug, um den funktionellen Anforderungen zu genügen.

Das räumliche Organisationskonzept der ETH beruht auf «gebündelter Dekonzentration». Früher waren Universitäten konzentrierte Elfenbeintürme in prominenter Lage in der Stadt, im Laufe der Zeit sind sie wegen ihrer Massstabsvergrösserung und Spezialisierung in die Peripherie verlagert worden. Heute liegen die Universitäten wieder in der Stadt – nicht, weil sie zurückgekehrt sind, sondern weil das städti-

5 **Science City**
(vgl. «Die Stadt als Marke», S. 44)

6

6+7 **Schwamendin-
gen, Szenario
«Wohndingen»**

sche Archipel mit seinen unterschiedlichen Inseln zu ihnen
gekommen ist. Es entsteht ein Universitätsarchipel innerhalb
des Stadtarchipels, wodurch sich die Chance ergibt, es durch
gegenseitige Vernetzung zu qualifizieren. Die Vernetzung –
auch die virtuelle Vernetzung mit Partnerinstitutionen – wird
zum Sinnbild der Universität. Vernetzung bildet deshalb auch
die Grundlage für das gestalterische Leitbild von Science City.
Der öffentliche Raum wird in einem System klarer Hierarchien
und einem gestaffelten Übergang zwischen öffentlichen, halb
öffentlichen und privaten Zonen gegliedert. Die Gebäude stehen nicht wie «architektonischen Perlen» auf der grünen
Wiese, sondern falten sich um den aktivierten Raum.

Schwamendingen

Auf der Karte der Region Zürich zeigt sich Schwamendingen
als gleichwertige «Scherbe» zwischen den anderen Einheiten der Agglomeration. Fast zu gross für einen Stadtteil, aber
zu klein für eine Vorstadt, ist Schwamendingen vor allem ein
Baustein der Netzstadt, die sich um Zürich herum immer
mehr konkretisiert. Es befindet sich mitten im Dreieck, das
vom Zentrum Zürichs, der Glattstadt mit dem Flughafen und
den kommerziellen Entwicklungen bei Stettbach-Wallisellen
gebildet wird. Schwamendingen hat ein bescheidenes Zentrum, zwei Autobahnausfahrten und eine gute Anbindung an
das öffentliche Verkehrsnetz.

Bis heute bildet Schwamendingen ein Reservoir für relativ
günstige Wohnungen mit einer ziemlich stabilen Bevölkerungsstruktur. Diese Stabilität und die exzentrische Lage der

Verkehrsanbindungen sind wahrscheinlich die Ursache dafür, dass Schwamendingen bislang vor den dynamischen Entwicklungen in der unmittelbaren Umgebung einigermassen
geschützt war.

In dieser Situation werden sowohl interne als auch ex-
terne Einflüsse allmählich Veränderungen bewirken. Intern
wandeln sich die Bevölkerungsstruktur und die Aktivitäts-
muster der Einwohner, extern wird der Einfluss der schnellen
Entwicklungen im Umfeld zunehmend spürbar. Jede Entwurfsstrategie sollte die Stabilisierung und Profilierung von
Schwamendingen als selbständige Komponente in der Agglomeration Zürich zum Ziel haben.

Wir sehen zwei mögliche Szenarien. Das erste setzt vo-
raus, dass Schwamendingen durch die attraktive Lage zwischen Zürich und Flughafen zunehmend unter Druck gerät.
Dieser Druck könnte sich in einer Zunahme von kommerziellen, gewerblichen und Dienstleistungsaktivitäten manifestieren, wodurch die Chance auf mehr Durchmischung entstehen würde. Das zweite Szenario geht davon aus, dass
Schwamendingen gerade wegen seiner Lage zwischen den
drei Entwicklungsknoten und seiner exzentrischen Erschliessung als Wohngegend für die untere Mittelklasse erhalten bleibt. Da die Steuerbarkeit der Entwicklung heute
ungewiss ist, muss einerseits nach einer nachhaltigen Struktur gesucht werden, die beide Entwicklungsszenarien zulassen würde, und andererseits müssen dort, wo konkrete Eingriffe planbar sind, mögliche Elemente und Faktoren gefunden werden.

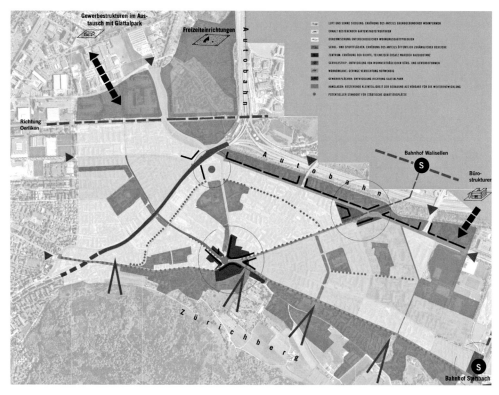

Schwamendingen hat einen gartenstadtartigen Charakter. Die wichtigsten Gartenstadtteile im Herzen von Schwamendingen sind geschützt. Daher ist das Bild der offenen Gartenstadt für spätere Entwicklungen ein stabiler Faktor.

Schwamendingen wird von einer Struktur übergeordneter Linien wie der Winterthurerstrasse, der Dübendorferstrasse und der Überlandstrasse durchkreuzt. Eine besondere Linie bildet die Autobahn, die in Zukunft eingehaust werden soll. Wo sich die Linien kreuzen, bilden sich wichtige Punkte: bestehende oder potenzielle ensembleartige Konzentrationen wie das Zentrum, das Gebiet um den Bahnhof Stettbach oder die Autobahnausfahrt bei der Überlandstrasse. Die Linien sind im Allgemeinen grosszügig angelegt und ausreichend breit für eine verstärkte Profilierung. Die Punkte können sich in Abhängigkeit von ihrer Lage auch weiter als Teilzentren profilieren. Auf diese Weise entsteht ein Orientierungsinstrument, welches das Gebiet trotz der örtlichen Heterogenität insgesamt lesbar macht.

Die Nachbarschaften Schwamendingens bilden ein Patchwork von «Schollen» unterschiedlichen Charakters, die durch die stabilisierende Wirkung der Linien relativ unabhängig voneinander entwickelt werden können. Die Schollen können als stabil, halb stabil oder instabil gewertet werden; dies bildet einen Massstab für das Veränderungspotenzial.

Berücksichtigt man nun die Gebiete mit Entwicklungspotenzial in den beiden oben dargelegten Szenarien, ergibt sich folgendes Bild: Das erste Szenario, in dem sich Schwamendingen unter dem Einfluss seiner Lage zwischen Zürich und Flughafen zu einem dichteren, komplexeren und durchmischteren Stadtteil entwickelt, nennen wir *Powerdingen*. Das zweite Szenario, in dem Schwamendingen langfristig als Wohngebiet und Reservoir für bezahlbare Wohnungen erhalten bleibt, nennen wir *Wohndingen*.

Da für jede Entwicklungsrichtung von Schwamendingen im Prinzip die gleiche Basisstruktur vorgeschlagen wird, könnte Wohndingen auch als ein Vorstadium von Powerdingen betrachtet werden. In Wohndingen werden die bestehenden Qualitäten bewahrt und aufgewertet, während an unterschiedlichen Stellen behutsame Veränderungen oder Eingriffe möglich sind. In Powerdingen verbindet sich der Strip mit einer Verdichtung in Richtung Glattpark – vielleicht auch mit einem neuen S-Bahnhof – und einer Intensivierung entlang der Einhausung. Hier könnten die beiden Szenarien eine unterschiedliche Wendung nehmen: Während in Wohndingen die Einhausung benützt wird, um eine durchlässige Verbindung zwischen durchgrünten Wohngebieten herzustellen, fungiert in Powerdingen die Einhausung als Entwicklungsmotor anderer Aktivitäten.

Autor: Kees Christiaanse ist ordentlicher Professor für Architektur und Städtebau am Institut für Städtebau der ETH Zürich. Er leitet das Büro KCAP ASTOC in Rotterdam.

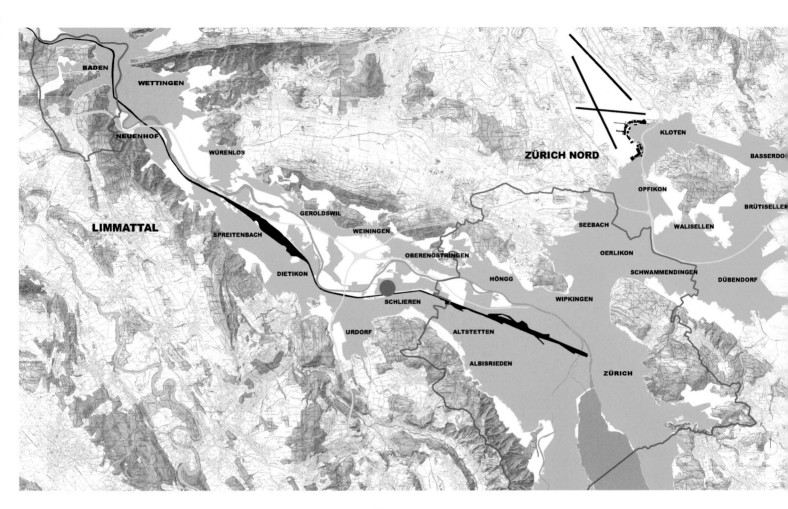

KONTRASTVERSTÄRKUNG IN DER AGGLOMERATION

Marcel Meili im Gespräch mit Hubertus Adam Im vergangenen Jahr nahmen Meili, Peter Architekten am Wettbewerb für die Entwicklung des Färbi-Areals in Schlieren teil. Die Auseinandersetzung mit den speziellen Anforderungen dieses Bauplatzes in der Zürcher Agglomeration führt im Gespräch zu weiteren Überlegungen hinsichtlich heutigen Potenzialen des Städtebaus und der Rolle, die ein Architekt innerhalb des Planungsprozesses zu spielen vermag.

Im Rahmen des Projekts für das Färbi-Areal in Schlieren hat sich das Büro, das du mit Markus Peter leitest, intensiv mit Zürich und seinem Umfeld auseinander gesetzt. Blickt man auf eine der Karten, die in diesem Zusammenhang entstanden sind, so sieht man zwei Pole: das Glatttal mit dem Flughafen auf der einen, das Limmattal auf der anderen Seite. Welche Beziehung besteht zwischen diesen Polen?

Die Form von Zürich war mir, obwohl ich dort aufgewachsen bin, eigentlich bis zu unseren Untersuchungen im Studio Basel nicht wirklich klar. Zürich ist heute als Figur eine «lineare» Stadt, die als einzige in der Schweiz von den Alpen bis an den Jura reicht – es gibt einen durchgängigen Hauptstrang von der Linthebene entlang dem Zürichsee, der bis Baden und Brugg reicht, mit Nebensträngen in das Zürcher Oberland und Richtung Winterthur. Diese Strangfigur ist nach wie vor wesentlich von der Topografie geprägt. Das war ein bemerkenswertes Ergebnis unserer Untersuchung auch in anderen Schweizer Städten, dass allen metropolitanen Entwicklungen zum Trotz selbst weiche topografische Bewegungen nach wie vor fast in frühmittelalterlicher Form die Ge-

1 **Metropolitane
Region Zürich:
Kernstadt, «Donut»
der Glatttalstadt,
Bandstadt
des Limmattals**
(Visualisierungen:
Meili, Peter Archi-
tekten)

2 **Schlieren mit dem
projektierten
Färbi-Areal jenseits
der Bahntrasse**

2

stalt des urbanen Wachstums beeinflussen. Auf dieser Ebene sind im Grossraum Zürich zwei aussergewöhnliche urbane Phänomene zu konstatieren. Zum einen die Ringstadt Hardwald in der Glattebene, eine eher teigige Struktur, die einst wesentlich vom Flughafen initiiert wurde und von Zürich aus gesehen hinter dem Milchbuck beginnt: Oerlikon, Seebach, dann die steuerbegünstigten Gemeinden Opfikon, Wallisellen, Dübendorf etc. Diese Figur entwickelt sich unter einer gewissen Eigengesetzlichkeit abseits des Zentrums. Die Gemeinden in diesem Gürtel sind dabei, sich über ihre Gewerbe- und Dienstleistungszonen zu einem Ring um den Hardwald zu verbinden. Auf Grund ihrer Steuerkraft wird diese Verschmelzung aber durch einen hohen Autonomieanspruch der Gemeinden «überdrückt». Unter diesen Voraussetzungen dauert es schon fast dreissig Jahre, um ein tangentiales «Trämli» zu installieren...

*Was daran liegt, dass eine derartige Infrastruktur-
massnahme eine Ausnahmeerscheinung darstellt,
welche die Gemeindeautonomie tangiert?*
Ja, denn die Kombination von gewissen topografischen Qualitäten, extrem dichter Erschliessung, Zentrumsnähe, relativ geringen Infrastrukturkosten und Steuerautonomie begründet das typische Agglomerationsprivileg.

Das zweite urbane Phänomen ist die Stadt Limmattal, die einen ziemlich anderen Charakter hat und deren Entwicklung völlig anders verlief. Zunächst würde man annehmen,

dass die Standortgunst im Limmattal mit dem Flussraum und den beiden Seitenhängen eher höher wäre als in Zürich Nord. Auffällig ist nun, dass sich die urbane Siedlungsstruktur in vier unterschiedlichen Strängen nahtlos aus der Stadt heraus entwickelt, je eine Hangbebauung mit Wohnhäusern unterschiedlicher Art und zwei parallel laufende Stränge mit Industrien, Infrastruktur, Dienstleistungen und zentralen Einrichtungen im Talboden. Im Grunde ist dies eine Extrusionsfigur des Stadtquerschnittes selbst. Im Talboden stammt der genetische Code von den Kreisen 4 und 5, an den Hängen sind es im Norden die Ordnungen von Höngg/Wipkingen, im Süden ist es Albisrieden. Man kann die typischen Muster, die Albisrieden prägen, auf der «Schattenseite» bis nach Baden hinunter finden. Und die eisenbahnbedingten Entwicklungsflächen, wie sie die Kreise 4 und 5 prägten, hinterlassen Spuren bis nach Baden.

Interessant ist nun aber die Struktur der Gemeinden in dieser Bandstadt. Wir haben zunächst diverse Indizes – beispielsweise über Steueraufkommen, Ausländeranteil etc. – ausgewertet und diese den unterschiedlichen Gemeinden zugeordnet. Uns war vor Beginn der Studie nicht bewusst, wie deutlich hier die Gefälle verlaufen. Es gibt ein eigentliches Banngemeindephänomen. Unmittelbar hinter der Stadtgrenze und im südlichen Talboden folgen Gemeinden mit beträchtlichen Struktur- und Steuerproblemen. Dazu gehört auch Schlieren. Das dürfte einerseits an deren industrieller Geschichte liegen, andererseits daran, dass diese Gemeinden

4

Der «Donut» der Glatttalstadt hat sich erst in den letzten Jahrzehnten entwickelt, während es sich beim Limmattal um einen alten Siedlungs- und Verkehrsraum handelt. Wie ist aber diese Parallelität entstanden, die ja nicht aus der Strangpresse stammt? Und mit welchen hauptsächlichen Problemen sehen sich beide Regionen konfrontiert?

In der Glatttalstadt waren die Motoren des Zusammenwachsens nicht die Wohndörfer selbst, sondern ihre durch Verkehrsgunst initiierten Gewerbe- und Infrastrukturgürtel. In deren Schatten spielte sich ein grossformatiges Ansiedlungsprojekt des Mittelstandes ab, welches sich auf die alten Dorfkerne bezog. Im Talboden des Limmattales hingegen war es die Industrialisierung selbst, welche ursprünglich die Längenausdehnung produzierte: Die Industriebetriebe von Schlieren und Dietikon entstanden entlang der Eisenbahn, und die alten Dorfkerne wurden schon relativ früh von der Siedlungsentwicklung gefressen. Seit längerem kommt nun die Autobahn als Generator dazu. Es gibt also einen präzise beschreibbaren Unterschied zwischen diesen Expansions- und Verdichtungszonen. Beide vermögen es aber nicht, die Entwicklungsprozesse unter föderalistischen Voraussetzungen zu steuern. Uns hat es in der Folge interessiert, das Färbiprojekt in diesen grossräumigen metropolitanen Hintergrund hineinzulesen.

Wie habt ihr konkret mit der Arbeit am Projekt begonnen?

Der Investor wollte mit einem relativ diffusen Programm eine Entwicklung an einem Ort in Gang setzen, den man konventionell als «Nicht-Stadt» bezeichnen würde. Wie war nun der Ort dieser Brache in der urbanen Geografie Zürichs zu begreifen? Eigentlich war zu Beginn nur klar, dass Investitionsenergie an einem bestimmten Ort mit einer bestimmten Grösse zu entfalten war – aber mit einer eher undeutlichen Profilvorstellung. Das äusserte sich in einem üblichen Mix des Programms: Büros, etwas Wohnen, ein Hotel etc. Die Erfindung einer Identität des Ortes war Gegenstand des Wettbewerbes, gewissermassen als Katalysator für das ganze Gebiet. Das ist interessant, weil es die Entwurfsstrategie auf einer sehr allgemeinen Ebene herausfordert. Letztlich suchte ein Nicht-Ort seine Form.

Wir gingen nun davon aus, dass diese städtebauliche Form weniger eine Reaktion auf das unmittelbare bauliche Geflecht sein könnte, welches durch das diffuse Gebilde Schlieren gegeben war, sondern die Standortbedingungen viel allgemeiner und in einem grösseren räumlichen Zusammenhang der Metropolitanregion zu interpretieren hatte. Deshalb haben wir das Bild der Metropolitanregion Zürich, welches wir in Basel erstellt haben, um den Ast Limmattal ergänzt, und zwar um die spezifische Bedeutung dieser Inkonsistenz und Labilität von Schlieren unmittelbar ausserhalb der Stadtgrenze zu verstehen. Schlieren ist jenes «Loch» ausserhalb der Stadt Zürich, das schon immer die Folgen von Zürichs Wachstum verarbeiten musste, ohne dabei bereits das typische autonome Beharrungsvermögen, den Steuerbo-

3 Färbi-Areal Schlieren: Grundriss Erdgeschoss

4 Färbi-Areal in der Siedlungsstruktur von Schlieren

heute beträchtliche Infrastrukturen der gesamten Metropolitanregion zu verarbeiten haben. Nähert man sich Baden, werden die Gemeinden wieder stärker – und wohl auch «autonomer». Aber an mehreren Stellen ist das Tal auch quer geteilt: Es gibt Südhanggemeinden, es gibt Nordhang- oder Talgemeinden. Die Nordhanggemeinden profitieren wiederum von der Wohnlage, welche ihre Ertragskraft in die Nähe von Wallisellen rückt. Es besteht also nicht nur ein drastisches Gefälle zwischen Zürich Nord und der Längsentwicklung des Limmatraums, sondern zudem noch eine Querspaltung innerhalb des Tals selbst. Wenn das Limmattal also eine Stadt ist, dann ist es eine, in der gewissermassen der «Zürichberg» gegenüber dem «Industriequartier» über Gemeinde- und Steuerautonomie verfügt...

nus und das kommunale Selbstbewusstsein einer Agglomerationsgemeinde zu erlangen.

Was hat den Investor an dem Standort gereizt? Ist er mit Schlieren verbunden, ist es die Nähe zu Zürich, sind es die geringeren Grundstückskosten?

Zum einen besitzen die Investoren einen Teil des Terrains. Sie sind mit dem Areal sowohl durch Besitzverhältnisse als auch durch die Familiengeschichte verbunden. Balz Halter als Developer ist die Wette eingegangen, ob sich für diesen «Abfallort» – das ist ein Begriff, der im Zusammenhang mit einer Standortanalyse in einer Lokalzeitung zu lesen war – eine Art urbanistischer *turnaround* aushecken liesse.

Der Funke kam folglich von Seiten des Investors, nicht von der Gemeinde. Zeigt sich daran nicht auch, dass es mittelfristig auf der Gemeinde- oder Kantonsebene keine Mechanismen gibt, um auf die geschilderten Prozesse einzuwirken?

Durch die wirtschaftlichen Umformungen und durch das politische Klima sind heute praktisch allen Kommunen die Möglichkeiten genommen, «von sich aus» Städtebau zu betreiben, sei es durch Regulative oder Investitionen. Das ist das eine. Zudem hat Schlieren eine stark bedrohte Identität als Stadt; es wäre eine Überraschung, wenn vor diesem Hintergrund eine Stadtverwaltung sehr gerichtet und erfolgreich in die Entwicklungsfelder eingreifen würde.

Du hast von den vier Bändern gesprochen, welche das Querprofil des gesamten Limmattales prägen. Was bedeutet das für das Areal?

Wir befinden uns in einem der beiden Industriebänder, einfacher gesagt: Wir befinden uns in «Kreis 5» von Schlieren, und zwar an einem speziellen Ort – jenseits, aber unmittelbar neben der S-Bahn-Station. Der «Kreis 3» von Schlieren wäre das alte Dorf ohne wirklichen Dorfkern und auch ohne klares Zentrum gegenüber. Von dort aus entwickelt sich die Wohnstadt. Auf der Nordseite hingegen gibt es nur Brachen, Industriegelände, Dienstleistungszentren, Autohändler, den Fluss und die Autobahn.

Unter derart ungeklärten Verhältnissen wird die S-Bahn, das wirkungsvollste städtebauliche Denkmal des Zürich des späten 20. Jahrhunderts, zum alles beherrschenden Ordnungsfaktor und Kristallisationskern. Nicht zufällig ringt Schlieren dort seit Jahren um sein neues Zentrum. Ob dafür die öffentliche Energie reichen wird, ist zumindest unklar.

Auf jeden Fall hat dies unser Projekt massgeblich geprägt, denn es war für uns undenkbar, diese Anstrengungen dadurch zu sabotieren, dass gleich gegenüber, hinter den Gleisen, ein vergleichbarer öffentlicher Raum diese spärlichen Energien wieder absaugen sollte. Deshalb stellten wir uns ein komplementäres Zentrum zum öffentlich-urbanen Raum, eine Masse, eine Gebäudestruktur mit Höfen vor. Wir haben für diese zentrale Dienstleistungswüste einen *business campus* schaffen wollen, der eine andere Form von Öffentlichkeit aufweist – eine Gegenfigur, die nicht in Konkurrenz tritt. Der Entwurf beruht auf einer simplen Strategie: Im Gegensatz zu dem geplanten Zentrum beim Bahnhof, das sich um Plätze gruppieren wird, füllen wir einfach das Territorium auf. Das ganze Areal wird überbaut – was an Öffentlichkeit beansprucht wird, kann in Form grosser, kalkulierter Höfe im Inneren integriert werden. Dieses radikale Auffüllen ist die Antwort auf eine allgemeine suburbane Raumerfahrung. Hier gibt es nicht zu wenig, sondern zu viele offene Räume, auch öffentliche, für deren Beschlagnahmung die Kraft nie ausreicht. Hinter diesen diffusen endlosen Raumgeflechten verliert die Stadt jeden Rhythmus und damit auch jede Syntax.

Ziel ist also letztlich nicht eine stärkere Verdichtung im Sinne von mehr Bruttogeschossfläche, nicht eine – durch die Zonenordnung ohnehin unmögliche – höhere Ausnutzungsziffer, sondern eine optische Verdichtung? Gewissermassen eine Inversion der für die Agglomeration typischen Verhältnisse von bebauter und unbebauter Fläche?

Genau, es geht um Verdrängung, nicht um Verdichtung. Daher haben wir jene Figur entwickelt, die dem Projekt zu Grunde liegt.

In Zürich vermischen sich die einst getrennten Zonen: Die früheren Industriezonen werden umgenutzt – für Dienstleistung, aber auch für das Wohnen. Wenn du von der Extrusion des Profils sprichst, so stellen sich vergleichbare Überlegungen auch für Schlieren. Soll man die bestehenden Funktionszuweisungen als charakteristisch beibehalten – oder versuchen, sie aufzulösen?

In Schlieren ist die Lage ähnlich wie in Zürich: Fast alle früheren Industriezonen werden von Dienstleistung und Handel oder Freizeitzentren genutzt. Die funktionelle Segregation ist heute aber obsolet: Wohnen kann man prinzipiell fast überall. Umgekehrt aber denken wir, dass die Kontrastverstärkung eines der wenigen Mittel ist, um peripheren Orten eine Identität zu vermitteln. Man muss Unterschiede vergrössern, aber das nicht mehr über funktionelle Zonenpläne, sondern städtebauliche, architektonische und atmosphärische Differenzen – Unterschiede der Dichte oder des Rhythmus. Man wird versuchen, Figuren im Bestand erkennen zu können, um sie herauszuarbeiten, zu verschärfen, um der Stadt eine konturierte Topografie zu vermitteln. Was für die Schweiz als Ganzes gilt, das gilt auch für ihre einzelnen urbanen Zonen: Auf Grund ihres föderalistischen Aufbaus streben letztlich alle Orte unter den ähnlichen sozialen und wirtschaftlichen Bedingungen einem ähnlichen Fluchtpunkt zu, der «urbanen Nicht-Stadt». Schlieren wäre so gesehen fast im Zentrum der Metropolitanregion Zürich und als solcher Ort Objekt einer grossräumigen städtischen Verdichtung. Während aber im Norden Zürichs eine hoch entwickelte Autonomie diese Entwicklung unterläuft, wird Schlieren umgekehrt sozusagen allein gelassen in dieser Entwicklung.

Wenn man davon ausgeht, dass das Wachstum der Schweiz sich nicht weiter entwickelt, sondern eher ein

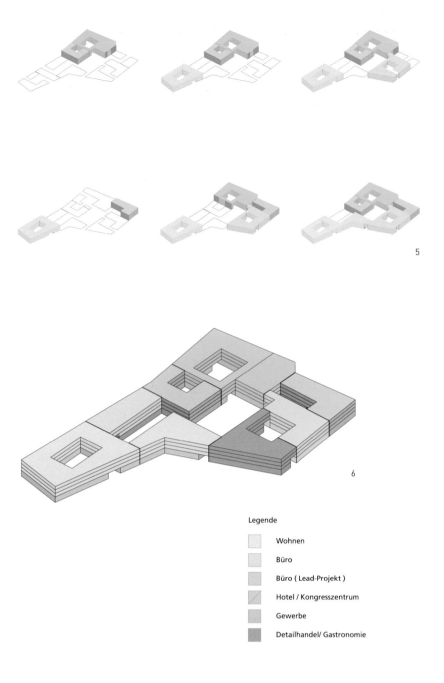

5

6

Legende

☐	Wohnen
☐	Büro
☐	Büro (Lead-Projekt)
▨	Hotel / Kongresszentrum
☐	Gewerbe
■	Detailhandel/ Gastronomie

5 Färbi-Areal Schlieren: Mögliche Phasen der Realisierung

6 Potenzielle Nutzungsverteilung

Massstab unserer gegenwärtigen urbanen Existenzform und der politischen Struktur.

Insofern besitzt das Scheitern des Konzepts paradigmatischen Charakter?

Nein, paradigmatisch nicht, aber vielleicht kommentierend. Die Schweiz ist Gefangene ihres Erfolges im 20. Jahrhundert und des Modells, das diesen Erfolg wesentlich ermöglicht hat, des Föderalismus. Die Schweiz wäre, falls es eintrifft, nicht das erste Land, das irgendwann an seinem Erfolg scheitert. Das Modell hat vorläufig kaum Antworten auf gegenwärtige Massstabsfragen, auch nicht auf seine Ausgesetztheit in Europa und der Welt. Unter diesen Bedingungen ist nicht Untergang die Perspektive, sondern vielmehr Reprovinzialisierung.

Wenn alles jederzeit an jedem Ort machbar sein muss – und das ist für den Föderalismus zentral – so verliert der einzelne Ort an Spezifik.

Daran lässt sich die Geschichte illustrieren. Die Kraft – und auch die Erfindung des föderalen Zellenmodells – bestand ursprünglich gerade darin, innerhalb einer heterogenen Nicht-Nation Zellen von grössten Unterschieden mehr oder weniger gleichberechtigt zusammenwirken zu lassen. Unter Bedingungen umfassender, flächendeckender Urbanisierung gleichen sich die Bedingungen und damit auch das Handeln der Zellen gegenseitig an, ohne dabei die Reichweite jener Strukturen, welche das reale Leben organisieren, auch nur annähernd einzufangen. Die Kraft der Differenzen, eine der grossen traditionellen Stärken des Landes, welche in den blumig-verharmlosenden Begriff der Vielfalt gekleidet wird, verblasst darunter zusehends.

Wie sahen eure konkreten Vorstellungen für das Färbi-Areal aus? Wie kann man vor dem Hintergrund all dieser Überlegungen als Architekt noch operieren?

Im traditionellen Sinne architektonisch haben wir uns in diesem Projekt gar nicht geäussert, sondern nur ein Regelwerk formuliert, das in der Lage sein könnte, freie Investorenenergien in einer Weise zu kanalisieren, dass sie unter sanfter Bündelung zur Form finden. Die Festlegungen mussten also robust sein und eine Elastizität der Bedürfnisentwicklung gewährleisten, anderseits eine in sich selbst angelegte Form generieren. Es gab drei Regeln, die einzuhalten waren – egal ob es sich später um Wohnungen oder um Büroflächen handelte. Zunächst fixierten wir eine Trauflinienpflicht, also eine Bebauungshöhe, die weder über- noch unterschritten werden darf.

Sind die von euch gesetzten 16 Meter durch Bebauungspläne vorgeschrieben?

Nein, die vier Geschosse haben sich durch die Umlegung der Masse und durch die Proportionen der Höfe ergeben.

Was sprach hier, im Zentrum von Schlieren, gegen eine höhere Bebauung?

Nullwachstum aufweist, so muss Konzentration das Ziel sein. Du forderst eine Intensivierung durch Klärung und Schärfung von Figuren – was am anderen Ort auch ein Freiräumen bedeuten kann.

Genauso ist es. Daran sind wir wohl auch gescheitert: Die Gemeinde beurteilte den Entwurf als hermetisch, zu wenig durchlässig. Wenn man sich die Struktur der Stadt anschaut, dann ist man etwas ratlos, denn Schlieren besteht fast nur aus Durchlässigkeit… Doch auf sich selbst gestellt hat eine Gemeinde natürlich nie das grosse Ganze im Auge, sondern die beste Tradition ihrer eigenen Genese als «grüne Vorstadt». Die Gemeinden neigen immer zu ihrem «Universum en miniature», das sie mit allen Mittel komplettieren wollen. Es gibt eine nicht mehr überwindbare Kluft zwischen dem

Wir halten wenig von Hochhäusern in der Agglomeration, weil sie in der Schweiz immer verhalten geblieben sind und sich auf belanglose Höhen beschränkt haben. Wenn man nicht 150 Meter hoch baut, dann bedeuten Hochhäuser auch nicht viel mehr, als wenn man flach baut. Aber wichtiger ist die Tatsache, dass unten der Raum leer bliebe, wenn man die geringe Masse in die Höhe zöge. Gewiss müsste man generell über die Ausnutzungsziffern diskutieren, aber das konnten wir nicht im Wettbewerb. Zweifelsohne, ein Wettbewerb wie dieser wäre ertragreicher, wenn er die Ausnutzung zum Arbeitsziel erklärte. Wir wären aber nur dann in die Höhe gegangen, wenn wir die Verdrängungsfigur hätten aufrecht erhalten können. Das wichtigste für uns war die Eindämmung der diffusen Nicht-Räume. Wir schrieben daher eine zweite Verpflichtung fest: Man muss die Baulinien besetzen, aussen ebenso wie gegen die halb öffentlichen Höfe. Die dritte Regel schliesslich besteht darin, dass alle Höfe durch öffentliche Wege erreichbar sein mussten. Nur diese drei Regeln, sonst nichts.

Bei der Realisierung der Bebauung ist von einem Zeithorizont von vielleicht zwanzig Jahren auszugehen. In welchem Masse bedarf es der Elastizität und Flexibilität?

Man muss zwei Dinge klar trennen. Zum einen gibt es in unserem Entwurf ein offensichtliches Desinteresse an architektonischen Festlegungen – zu Gunsten von Regeln, die einem Investor einen bestimmten, klar limitierten Spielraum einräumen. So können die Gebäude in beliebiger Reihenfolge entstehen, es gibt Beweglichkeit hinsichtlich der Funktion. Nutzungsfreiheit ist aber weniger als Flexibilität im Sinne der Sechzigerjahre zu verstehen, sie ist eher unverzichtbarer Spielraum für den Moderator und Dramaturgen während des Planungsprozesses selbst. Die Entwicklungen, die grosse Planungen wie das Hardturmstadion oder das Maag-Areal nehmen, sind ziemlich unvorhersehbar, und die Rolle des Architekten ist die des Dramaturgen. Es wird nicht nur ein Projekt gesucht, sondern auch ein prozessualer und städtebaulicher Manager. Veränderungsmöglichkeiten des Projekts sind daher nicht nur für den Investor von zentraler Bedeutung, sondern auch für den Architekten, um in der entwerferischen Vorarbeit und im Dispositiv der Planungsteilnehmer Handlungsfähigkeit zu bewahren.

Darin klingt ein verändertes Berufsverständnis an. Um deine Metapher aus der Welt des Theaters aufzugreifen: Wenn der Architekt starre und elastische Teile seines Projekts im Entwurf definiert, so ist er nicht mehr der Regisseur, sondern der Dramaturg...

... und schon gar nicht mehr der Theaterautor. Man kann das zum Beispiel in Zürich Nord nachverfolgen. Ein Teil des Problems war, dass der Umgang mit dem Plan zu einer Art Tauziehen um nicht wirklich relevante Probleme wurde. Wenn es heute überhaupt noch eine städtebauliche Entwurfsarbeit gibt, so ist das letztlich eine Entwicklungsarbeit durch Architekten in operativen Zugriffen auf unübersichtliche und zur Anarchie neigende Prozesse von Investitionsströmen, Bedürfnisformulierungen und kommunalen Verwaltungsaktivitäten. Von allen ist der Architekt der Einzige, der immer an die Form der Stadt denkt – und möglichst wenig davon spricht...

Der Architekt muss also lernen, seine Essentials starr zu handhaben, gewisse Veränderungen aber einzukalkulieren; er muss zwischen essentiellen und akzidentiellen Faktoren trennen?

In der Tat. Es ist die Aufgabe des Architekten, sich sanft in den Kanalisierungsprozess einzumischen und Architektur zum Bestandteil des Kalküls dieser Entwicklung zu machen. Dafür muss das Projekt gedanklich sehr klar und gleichzeitig flexibel sein. Man muss bewahren, was wirklich zentral ist, und anderes weglassen können. Trotz dieser vielleicht defensiv, gar pessimistisch klingenden Diagnose: Noch heute bin ich wohl von Aldo Rossi geprägt, wenn ich davon ausgehe, dass Städtebau in seinem Kern vollkommen autonom ist. Seine wesentlichen Eigenschaften lassen sich weder als Investition verhandeln noch in Gesetzen festschreiben. Die Konzentration auf Kernelemente und deren Schutz durch einen beweglichen Umgang sind damit ein Akt von Verteidigung autonomer Eigenschaften unter Bedingungen von massiver Bedrängung durch zentrifugale wirtschaftliche, soziale oder bürokratische Faktoren.

JA ZUM STADION ZÜRICH.

JA ZU UNSERER STADT.

A

DIE STADT ALS MARKE

Planung und Architektur im Dienst des *city branding* Das Branding
der Stadt mittels Architektur ist eine verbreitete Zeiterscheinung.
Gemäss einer von angelsächsischem Pragmatismus geprägten Sicht-
weise wird die Stadt als Produkt betrachtet; planmässig geschaffene
Images oder Marken sollen sie von anderen Städten unterscheiden.
Infolge der Globalisierung spielen dabei – neben der öffentlichen Hand –
oft auch private Investoren eine wichtige Rolle. In Zürich können
einige Projekte unter dem Gesichtspunkt des *city branding* betrachtet
werden.

Text: Thomas Kovári

Der seit einiger Zeit vorwiegend im angelsächsischen Raum
verbreitete Ausdruck *city branding* steht für das Bestreben,
der Stadt ein bestimmtes Image[1] oder eine Marke zu geben.
Das Ziel dabei ist, die Stadt in wirtschaftlicher, sozialer und
kultureller Hinsicht zu fördern. Images setzen Zeichen für
das Ansehen einer Stadt und sollen ihre Unverwechselbarkeit sicherstellen. Im weitesten Sinn handelt es sich um eine
bestimmte Form von Stadtmarketing: Der Wohlstand einer
Stadt ist unter anderem durch die Produktion und den Konsum bedingt – und damit durch die angesiedelte wirtschaftliche, politische und kulturelle Kompetenz. Die Niederlassung
internationaler Firmen und Organisationen, das Angebot an
qualifizierten Arbeitnehmern und die Ansiedlung von Ange-
hörigen der *creative class* sowie der Tourismusbranche sind
von entscheidender Bedeutung.

Stadtmarketing mittels *city branding* erschien zum ersten
Mal in ausgeprägter Form in den USA der Sechzigerjahre, wo
es sich an den Methoden des privatwirtschaftlichen Marke-
tings orientierte. *City branding* mittels Architektur ist erstmals mit Frank O. Gehrys Guggenheim Museum und dem
darauf folgenden, viel diskutierten Bilbao-Effekt ins öffentliche Bewusstsein getreten. Dank des global agierenden Kul-
turunternehmens und der spektakulären Gestaltung des
Gebäudes ist der internationale Status der Stadt so weit ge-
stiegen, dass diese einen deutlichen wirtschaftlichen Auf-
schwung erfahren hat. In welchem Masse dieser Bau die Entwicklung der Stadt tatsächlich gefördert hat, ist allerdings
noch Gegenstand von Untersuchungen.

Leitbilder und Standortwettbewerb

Allgemein lässt sich festhalten, dass sich *city branding* in der
Verknüpfung mehrerer Prinzipien vollzieht: Zum einen durch
die Projektion von Slogans oder Logos – so verkauft sich London als *Swinging City*, Paris wird mit *savoir-vivre* und *haute
couture* gleichgesetzt, und Wien behauptet sich als Nischen-
marke der langen Tradition und leichten Muse; zum anderen
durch die Schaffung vielfältiger Angebote und Ausstattun-
gen im Dienste von Konsum, Kultur, Sport, Entertainment,
Erholung und Freizeit; schliesslich durch deren physische
Verkörperung in der urbanen Umwelt – in Bauten, öffentlichen Räumen, der urbanen Morphologie oder der land-
schaftsgestalterischen Ausprägung.

Es liegt auf der Hand, dass das Branding der Stadt das
Aufkommen der Globalisierung zur Voraussetzung hat. Der
freie Markt und die wachsende Mobilität führen zur Wahl-
freiheit zwischen Standorten und damit zum zunehmenden
Wettbewerb zwischen den Städten. Obwohl *city branding*
heutzutage eine Option darstellt, auf die nicht ohne Nachteile
verzichtet werden kann, haben sich, im Gegensatz zum
Stadtmarketing, noch keine erkennbaren Methoden zu ihrer
Anwendung ausgebildet. Man kann jedoch festhalten, dass
city branding mit architektonischen Mitteln im Kompetenz-
bereich des Städtebaus und der Stadtentwicklung angesie-
delt ist. So formuliert die öffentliche Hand Visionen, Leitbilder und Regelwerke zur Steuerung der imagebildenden ur-

banen Entwicklung. Die Projekte selbst werden vermehrt gemeinsam von privaten und öffentlichen Akteuren verwirklicht. Sie stehen deshalb in der Regel im Spannungsfeld zwischen zum Teil gegensätzlichen Interessen sowie einem politischen und sozio-kulturellen Kontext. Diese Tatsache wirkt sich sowohl auf die Möglichkeiten der Architektur als auch auf deren Umsetzung aus.

Einige konkrete Projekte in Zürich können unter den Aspekten des hier geschilderten *city branding* erörtert werden. Unter den politischen Legislaturzielen 2002–2006 ist die Förderung der «Spitzenarchitektur und Qualität in der Breite»[2] festgehalten. Dies kann auch als Wille zum urbanen Branding mit architektonischen Mitteln gelesen werden. Die in der Zwischenzeit vorgestellten Projekte illustrieren in der Tat eine Entwicklung, die auf die Erweiterung des Angebots bei Sport und Konsum (Stadion Hardturm), Erholung und Freizeit (Seeufergestaltung) sowie Wissenschaft und Kultur (Science City und City Campus) zielt. Auf der anderen Seite ergibt sich hierdurch auch auf der Ebene des Stadtbilds ein wesentlicher Beitrag, der durch geplante Hochhäuser und den Plan Lumière ergänzt wird.

Neues Fussballstadion Hardturm – symbolhafte Architektur

Der Auslöser für die Pläne des neuen Fussballstadions am Hardturm war die für Zürich bedeutende Fussball-Europameisterschaft 2008. Das bestehende Stadion an gleicher Stelle genügt den Anforderungen für diesen Grossanlass nicht, weshalb an seiner Stelle ein neues Stadion mit 30 000 Sitzplätzen vorgesehen ist. Das Projekt wurde durch einen Architekturwettbewerb unter eingeladenen Büros ausgewählt. Da weder die Stadt noch der ansässige Verein die Finanzierung allein tragen kann, sollte der Bau unter Beteiligung privater Investoren realisiert werden. Deshalb ist ein *mixed-use development*, das heisst: ein mit einer so genannten Mantelnutzung verse-

1 Fussballstadion Hardturm

Die jüngere Geschichte des Hardturmstadions ist wechselhaft. 1999 schrieben die Stadt und die Gesellschaft Hardturm AG/Hardturm Immobilien einen Planungs- und Entwicklungswettbewerb für das Hardturmareal aus; Hauptbestandteil war ein neues Fussballstadion. Die Investorengruppe MDC mit Rem Koolhaas' OMA erhielt den Zuschlag für die Ausarbeitung des Projekts, doch 2000 wurde das Auftragsverhältnis von der Stadt aufgelöst. In Zusammenarbeit mit den bisherigen Partnern kündigte die Stadt einen neuen Wettbewerb für ein polysportives Stadion für Fussball und Leichtathletik an. Acht Teams arbeiteten zwischen September 2000 und April 2001 daran, gewonnen haben *ex aequo* Meili, Peter Architekten und Max Dudler, Jürgen Sawade. Daraufhin schätzten die Veranstalter das Programm des polysportiven Stadions als wirtschaftlich nicht realisierbar ein, und es wurde eine private Trägerschaft mit der Credit Suisse als Leadinvestorin gebildet, um auf dem Hardturmareal nun doch ein reines Fussballstadion zu bauen. Die zwei erstplatzierten Teams wurden zu einer zweiten Wettbewerbsrunde für ein neues Programm mit Mantelnutzungen eingeladen. Das aus Meili, Peter Architekten und den Ingenieuren Conzett, Bronzini, Gartmann AG bestehende Planungsteam entschied den Wettbewerb für sich und wurde mit der Weiterbearbeitung des Projekts beauftragt. 2003 genehmigten die Zürcher Stimmbürger in einer Abstimmung den entsprechenden Gestaltungsplan, doch juristische Auseinandersetzungen und Rekurse, die bis vor

das Bundesgericht gezogen wurden, verzögerten seine Inkraftsetzung bis Ende 2004. Gegen die 2005 erteilte Baubewilligung wurden erneut Rekurse erhoben.

Architektur: Marcel Meili, Markus Peter Architekten, Zürich; Projektleitung 2000 bis 2005: Christian Penzel (Wettbewerb und Vorprojekt), Tobias Wieser, Michael Schneider (Bauprojekt), Patrik Haemmerle (Ausführungsplanung); Mitarbeit 2000 bis 2005: Andreas Alber, Thaeba Ayubi, Alexandra Balona, Urs Borner, Gabriele Briamonte, Maud Cassaignau, Hans-Lukas Fehr, Philippe Gujer, Bernd Habersang, Patrik Hämmerle, Sabine Harmuth, Isabel Heyden, Alice Hucker, Carl Axel Humpert, Kathleen Krebs, David Lopez, Oliver Lütjens, Michael Mader, Marcel Meili, Ricarda Metelmann, Andreas Obenauer, Christian Penzel, Markus Peter, Margarita Salmeron, Solveig Scheper, Tilmann Schmitt, Michael Schneider, Dan Schürch, Jörg Schützle, Raoul Sigl, Miroslav Stojanovic, Martin Studer, Yvonne Urscheler, Zeno Vogel, Christa Vogt, Tobias Wieser, Stefan Zumkeller; Tragkonstruktion: Conzett, Bronzini, Gartmann AG, Chur mit Basler & Hofmann AG, Zürich; Haustechnikkoordination: PGMM AG, Winterthur; Landschaftsarchitektur: Rotzler Krebs Partner, Winterthur; Bauherrschaft: Stadion Zürich AG c/o Credit Suisse Financial Services, Zürich

A **Abstimmungsplakat zu den Stadionvorlagen 2003**

B **Luftansicht Projekt**

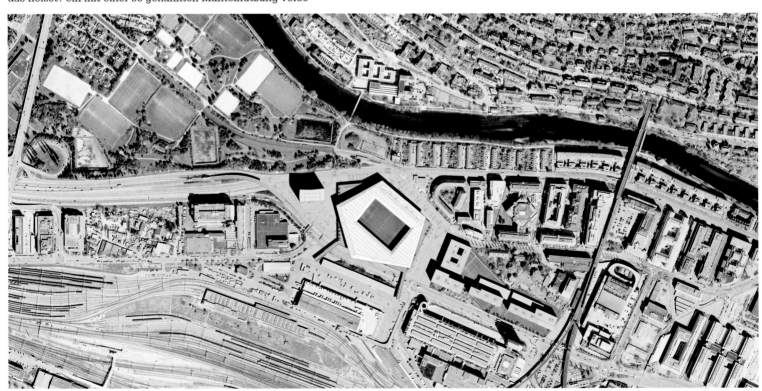

B

2 Übersichtsplan
des Zürcher
Seeufers, Stand
25.10.2002

3 Hochschulen

A City Campus,
Bildungs- und
Kulturmeile Zürich,
Masterplan 2005,
Christophe Girot

B Science City,
KCAP ASTOC
Architects and
Planers, Kees
Christiaanse
(vgl. «Zwischen
Metropolis und
Arkadien», S. 32)

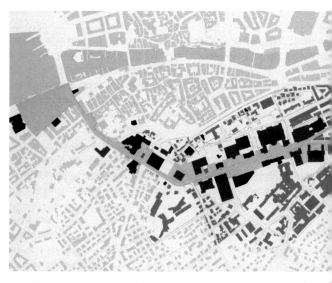

A

B

henes Stadion, geplant. Neben den Sportanlagen sieht diese auch ein Einkaufszentrum mit Parkhaus, ein Hotel sowie Büro- und Gewerbenutzungen vor. Das eigentliche Stadion befindet sich über dem Einkaufzentrum und wird über eine vierge- schossige Treppenanlage erschlossen.

Das Werbeplakat der städtischen Abstimmung illustriert, welche bildhaften Aussagen durch das Projekt angestrebt werden. So zeigt es das Stadion als überhöhten Baukörper vor einer gänzlich unbesiedelten Landschaft. Der emblematisch als Pentagon ausgebildete Bau vermittelt zusammen mit der virtuell anmutenden Landschaft eine beinahe transzendente Aura. Der symbolische Charakter des «magischen Fünfecks» soll der urbanen Landschaft Kontur und dem Event Ritual- charakter verleihen. Symbole, und das gehört zu ihrem We- sen, vermitteln eine in sich geschlossene Aussage. Kommerz und Sport stehen in diesem Projekt als Einheit hinter dem gleichen Zeichen. Dies mag die Gegner des Projektes bewo- gen haben, das Stadion mit dem einliegenden Einkaufszent- rum als Mogelpackung zu bezeichnen. Der Baubeginn wurde durch Einsprachen so weit hinausgezögert, dass es als Spiel- ort für die Europameisterschaft nicht mehr in Frage kommt. Die symbolhafte Architektur hätte Zürich bei diesem Gross- anlass einen magischen Brand verliehen und als Sportstadt international bekannt gemacht.

Seeufer mit Kongresszentrum – Naturraum als Kapital
Das untere Seebecken des Zürichsees gilt als Zürichs gröss- tes urbanes Kapital. Es dient als Naherholungsraum mit

unterschiedlicher Ausstattung und wird heute als zentraler städtischer Lebensraum mehr und mehr erschlossen. Parkanlagen, Freibäder, Schifffahrt und Wassersportanlagen reihen sich um den See und sind durch Quais und Grünräume miteinander verbunden. Das Ufer selbst ist durch kleinteilige, unterschiedliche Abschnitte abwechslungsreich geprägt. Die Nahtstelle zwischen Stadt und Wasser ist vor allem landschaftlich charakterisiert und nur selten durch eine Kante markiert, wie sie in bekannten Wasserstädten – etwa Lissabon oder Chicago – zu finden ist. Durch einzelne, das Seeufer säumende grossbürgerliche Wohnbauten und Hotelanlagen ist ansatzweise eine Front entstanden.

Am Übergang von See zu Limmat befindet sich der Bürkliplatz. Die ursprünglich beim Bau der Quaianlagen als neue Stadtmitte vorgesehene Stelle ist heute durch eine Mischung von kleinmassstäblichen Elementen und Ansätzen zu grösseren Gesten geprägt. Hier endet auch die Bahnhofstrasse, die den See und den Hauptbahnhof verbindet, ohne räumlichen Abschluss.

Eine einheitliche Fassung der Seefront und die Forderung nach zeichenhafter Gestaltung war oft Gegenstand von Planungen und Wettbewerben. Zudem besteht der Wunsch, die erlebnisorientierten Anreize zu steigern und deren Potenzial für die Stadt stärker auszuschöpfen.[3] Eine bessere Ausstattung insbesondere mit einem Seerestaurant, Kiosken, einem Wassersport-Park sowie gehobenen Wohnbauten am Wasser soll gemäss Konzeptstudien den gesamten Uferbereich aufwerten und näher an die Stadt binden. Zur Stärkung des Profils soll die spezifische Identität der jeweiligen Seeuferbereiche hervorgehoben und mit verschiedenen Themen bespielt werden. Ein Schlüsselprojekt in diesem Zusammenhang ist zurzeit die Planung des neuen Kongresszentrums anstelle des von Haefeli Moser Steiger erbauten; mittels eines Wettbewerbs unter ausgewählten Architekten soll eine neue *landmark* am See entstehen. Danach will man auch die Quais mit dem Bürkliplatz zusammenhängend neu gestaltet werden.

Hochschulen – Kompetenz für Wissenschaft und Bildung

Das von Gottfried Semper entworfene und 1863 errichtete Hauptgebäude der ETH steht heute als Monumentalbau über der Stadt. Die Geste deutet an, wie eine Bildungsidee und der Glaube an die Wissenschaft eine Verkörperung fanden und einen prägnanten städtebaulichen Akzent setzten. In der unmittelbaren Nachbarschaft entstand fünfzig Jahre später mit dem Universitätsbau von Karl Moser ein zweiter Akzent. Die beiden als Stadtkronen bezeichneten Bauten begründeten das Hochschulquartier. Obwohl die Schulen weiter anwuchsen, fand die bauliche Entwicklung nach innen in die Lücken sowie in die benachbarten Liegenschaften statt. Der zunehmende Raumbedarf musste seit den Fünfzigerjahren mit Neubauten am Hönggerberg und am Irchel als Aussenstationen des Zentrums gedeckt werden. Die Hochschulen sind mittlerweile zu Vorzeigeinstitutionen und zu einem wichtigen Teil des kulturellen Kapitals von Zürich herangewachsen. Ihre wieder entdeckte Bedeutung in der Stadt hat zur Folge, dass sie erneut ins Visier der Städteplanung geraten. Zwei aktuelle Projekte, City Campus und Science City, zeigen exemplarisch auf, wie an zwei gegensätzlichen Orten mit unterschiedlichen Strategien Zürich als «Wissenszentrum Schweiz» weiter anwächst.[4]

City Campus: Eingliederung in die Stadt

Das Rückgrat der Planungen im Hochschulquartier bildet die als Kulturmeile ausgestaltete Rämistrasse.[5] Sie erstreckt sich vom Bellevueplatz mit Opernhaus am See über den Heimplatz mit Kunst- und Schauspielhaus bis zu den Bauten der Universität und der ETH. Die Bezeichnung der Rämistrasse, welche all diese Kultureinrichtungen bisher ganz selbstverständlich verbunden hat, als Kulturmeile verkörpert den Wunsch einer Zusammenführung der bestehenden Museen, Sammlungen und Schulen durch eine neue städtebauliche Geste im historischen Kontext. Diese soll alle zu gestaltenden Bauten und Plätze verbinden und mit neuen «massstäblichen Stadtakzenten» und den bestehenden öffentlichen Bauten zu einem städtebaulichen Ensemble verdichtet werden.

Der Plan City Campus weist dem Hochschulgebiet somit eine neue Bedeutung im gesamten Stadtkörper zu. Neuer Raum wird für zukünftige Entwicklungen geschaffen, auch vor einer Tabula rasa eines ganzen Quartierteils schreckt man nicht zurück. Neue städtebauliche Akzente könnten zusammen mit der Signatur der Kulturmeile eine ikonografische Wirkung für die Stadt entfalten. Zudem würden Terrassen vom Quartier aus eindrückliche Aussichten über Zürich, See und Alpen erschliessen. Der Panoramablick verschafft, wie teilweise auf Postkarten zu sehen, ein unmittelbares Wissen von der Stadt als vermeintlich Ganzem.

Science City: Urbanes Stadtquartier

Der Name Science City steht für die Vision eines Hochschulcampus und Stadtquartiers der ETH Zürich, auf dem sich Wissenschaft und Gesellschaft begegnen könnten. Die ETH will sich eine Plattform schaffen, auf der sie ihre strategischen Zukunftsvorhaben realisieren und ihre internationale Spitzenposition behaupten kann.

Auf dem Sattel zwischen Höngg und Affoltern soll auf dem Hochschulgelände nach dem Vorbild amerikanischer Universitäten Wohnraum für Wissenschaftler und Studierende geschaffen werden. Der Standort soll zu einem Campus ausgebaut werden, der neben modernen Gebäuden für Forschung und Lehre auch Sportanlagen, ein Gästehaus sowie Einkaufsmöglichkeiten und Restaurants beinhaltet. Ein Lern- und Kongresszentrum mit einem Auditorium, einer Bibliothek sowie Veranstaltungs- und Ausstellungsräumen soll hier markante architektonische Wahrzeichen setzen.

In der heutigen Planung steht zunächst weniger die gebaute Form als eine nachhaltige Programmierung des Ortes im Vordergrund. Nicht die einzelnen Gebäude und ihre formale Ausprägung, sondern die angestrebten Funktionen und Inhalte stehen im Zentrum des Interesses. So sollen sich das Kongresszentrum, das Hotel und die Bibliothek zu einem öffentlichen Knotenpunkt verbinden. Ein kompaktes System

4 Hochhäuser in Zürich

A Bestehende Hochhäuser und Übersicht der Hochhausgebiete
(*Richtlinien für die Planung und Beurteilung von Hochhausprojekten*, November 2001)
gelb: Gebiet I, weniger empfindlich
orange: Gebiet II, empfindlich
rot: Gebiet III, sehr empfindlich

B Prime Tower auf dem Maag-Areal, Zürich, Projekt
Der mit 126 Metern höchste Turm der Schweiz soll im Erdgeschoss nebst der Eingangshalle Café und Shop enthalten, in den Obergeschossen Büros und in der Skylounge im 35. Geschoss einen Gastronomiebetrieb. Der Bezug ist für 2009/2010 geplant.

Architektur: Annette Gigon/Mike Guyer, Zürich; Mitarbeit: Stefan Thommen (Projektarchitekt), Raul Mera (Bildgestaltung Aussenperspektiven), Franziska Bächer (Praktikantin), Nina Renner (Praktikantin), Lucius Meyer (Praktikant); Raumgestaltung/Bürokonzept: ZED, Zürich, Hannes Wettstein, Stephan Hürlemann; Mitarbeit: Britta Herold; Visualisierungen Innenraum: Totalreal, Zürich; Tragkonstruktion: Dr. Joseph Schwartz, Oberägeri; Heizung/Lüftung/Klima: Waldhauser Haustechnik AG, Werner Waldhauser, Münchenstein; Fassadentechnologie: Metall-Bau-Technik, Reto Gloor, Guntershausen; Kosten: bosshard + partner Baurealisation AG, Markus Schmalz; Bauherrschaft: SPS Immobilien AG, Olten, c/o Credit Suisse Asset Management, Zürich

A

B

von ineinander greifenden und vernetzten Räumen wird durch einen geschlossenen äusseren Ring, der die Erschliessung gewährleistet, zusammengehalten. Diese räumliche Fassung ermöglicht es, den neuen urbanen Stadtteil in der Landschaft herauszustellen.

Hochhausgebiete – das Zeichen als Mehrwert

Hochhäuser dienen Firmen und Städten als Imageträger, die Zeichen des Fortschritts und wirtschaftlicher Stärke ausstrahlen sollen. Das Interesse, Hochhäuser zu bauen, nimmt deshalb auch in Zürich stetig zu. Zürich galt lange Zeit nicht als hochhausfreundliche Stadt. Die erste Euphorie für Hochhäuser in den Fünfziger- und Sechzigerjahren des letzten Jahrhunderts und der anschliessende Bauboom der Siebzigerjahre mündeten 1984 in ein Hochhausverbot für die Zürcher Innenstadt. Diese Entwicklung hinterliess in Zürich eher dispers verteilte Akzente. Neue Regelwerke wurden erstmals 2001 für die Planung von Hochhausprojekten erlassen.[6] Hier werden so genannte Hochhausgebiete aus dem Stadtgrundriss ausgeschieden, in unterschiedliche Klassen gegliedert und mit differenzierten Anforderungen belegt. So ist die Gesamthöhe in weniger empfindlichen Gebieten auf maximal achtzig Meter festgelegt; in innenstadtnahen Zonen sollen vierzig Meter nicht überschritten werden, Sonderbauvorschriften ausgenommen.

Die Regelwerke beruhen unter anderem auf einem Konzept der Bildregie. Die vorgesehenen Flächen für Hochhäuser sollen zu einer kontrollierteren Silhouette oder gar *signature skyline* führen. Anders als in den Sechziger- und Siebzigerjahren, als Hochhäuser mehrheitlich auf der grünen Wiese gebaut wurden und den dortigen Kriterien genügen mussten, werden Hochhäuser heute ihrem Image gemäss nur noch in jenen urbanen Gebieten zugelassen, wo sie städtebaulich verträglich erscheinen und ihren symbolischen Mehrwert am richtigen Ort entfalten können. So soll einerseits das für Zürich eigentümliche Setting mit See und bewaldeten Hügelzügen, Zürichs naturräumliches Kapital, von vertikalen Akzenten unverstellt bleiben, andererseits wird mit der Konzentration das kompakte Bild der unternehmerischen Stadt angestrebt. Der projektierte Prime Tower auf dem Maag-Areal in Zürich West setzt mit 126 Metern Höhe ein städtebauliches Zeichen und einen für die Schweiz neuen Massstab.

5 **Plan Lumière, Münsterbrücke**
Auftraggeber: Stadt Zürich, Hochbaudepartement, Amt für Städtebau (AFS); Beteiligung: Departement der industriellen Betriebe, Elektrizitätswerk der Stadt Zürich, Tiefbau- und Entsorgungsdepartement, Tiefbauamt der Stadt Zürich/Grün Stadt Zürich; Gesamtkonzept: Regula Lüscher Gmür (AFS), Christine Bräm (AFS), Feddersen & Klostermann, Zürich, Roland Jéol, Lyon (Foto: Georg Aerni)

5

Plan Lumière – Überhöhung des Stadtbildes

Erstmals regelt in Zürich eine über die gesamte Stadt ausgeweitete Betrachtung den gestalterischen Umgang mit Licht. Nach dem Vorbild der Stadt Lyon und unter Einbezug des Lichtgestalters Roland Jéol wurde ein Konzept entwickelt, das über den funktionalen Zweck der Strassen- und Platzbeleuchtung hinausreicht. Es soll die Orientierung verbessern und die Sicherheit und das Wohlbefinden erhöhen. Erklärte Absicht ist es, den individuellen Charakter Zürichs nachts hervorzuheben.[7]

Auf Grund einer Analyse der Stadt wurden acht Eingriffsgebiete ausgewählt, um mit unterschiedlichen Lichtthemen bespielt zu werden. Sowohl die prominenten Orte der Kernstadt und des Seebeckens als auch weniger repräsentative Stellen wie das Gleisfeld oder einzelne Quartierkerne erhalten eine spezifisch abgestimmte lichttechnische Gestaltung. Historische Monumente, Strassen, Plätze und Parks, aber auch Infrastrukturbauten wie Viadukte und Brücken werden aus dem Dunkeln der Stadt ins – wie es heisst – «rechte Licht gestellt». Bereits realisierte Pilotprojekte wie die Limmat-Brücken oder Viadukte in Zürich West veranschaulichen exemplarisch die Möglichkeiten des Plan Lumière.

Der Plan verstärkt die Lesbarkeit der urbanen Morphologie und unterstützt die Vorstellbarkeit der Stadt. Dabei sollen auch ästhetische Potenziale ausgeschöpft werden. Das Auftragen von Licht kann – ähnlich wie ein kosmetischer Eingriff – durch Überzeichnen, Hervorstellen und Verwischen von Kontrasten die für Zürich eigentümliche Physiognomie betonen und überhöhen. Es stellt sich die Frage, ob der Plan in Anbetracht der vielen privaten Interessensgruppen in der beabsichtigten stadtübergreifenden Konsequenz verwirklicht werden kann.

Schlussbemerkungen

So vielschichtig sich das Branding der Stadt mittels Architektur äussert – in der Umsetzung sind gewisse gemeinsame Mechanismen erkennbar. Die neue Herausforderung besteht in der Formulierung anzustrebender Images und der Wahl der baulichen Träger. Es handelt sich um einen mehrstufigen Prozess, bei dem die Gestaltung des Brands und seiner räumlichen Verkörperung in Wechselwirkung stehen. Neben der Bereitstellung der finanziellen Mittel durch die öffentliche Hand und private Investoren stellt die ausreichende Akzeptanz der Projekte durch die Bevölkerung eine Voraussetzung dar. Die Entscheidungsträger der öffentlichen Hand und der privaten Investoren müssen somit in allen Phasen der Realisierung so zusammenarbeiten, dass auch die breit gefassten sozio-kulturellen Ziele der Stadt erfüllt werden können.

Autor: Thomas Kovári ist Architekt; nach dem Studium an der ETH praktische Tätigkeit in London und heute in Zürich. Zudem ist er wissenschaftlicher Mitarbeiter an der Professur für Architektur und Städtebau, Netzwerk Stadt und Landschaft, ETH Zürich.

[1] Oxford English Dictionary: «mental picture or idea».
[2] Hochbaudepartement der Stadt Zürich, *Legislaturziele 2002–2006*, Januar 2003.
[3] Stadt Zürich, Amt für Städtebau, *Visionen zum Seeufer Stadt Zürich, Konzeptstudie*, März 2004.
[4] Werner Oechslin (Hrsg.), *Hochschulstadt Zürich, Bauten für die ETH 1855–2005*, Zürich 2005.
[5] Baudirektion Kanton Zürich, Hochbaudepartement der Stadt Zürich, *Zukunft des Hochschulstandortes Zürich*, September 2002.
[6] Stadt Zürich, Amt für Städtebau, *Hochhäuser in Zürich. Richtlinien für die Planung und Beurteilung von Hochhausprojekten*, November 2001.
[7] Stadt Zürich, Amt für Städtebau, *Stadt Zürich, Plan Lumière. Das Beleuchtungskonzept*, Februar 2005.

Zur städtebaulichen Entwicklung in Zürich Süd In Zürich Süd werden zurzeit gleich drei grosse Industriebrachen zu neuen Stadtteilen umgebaut. Wo früher Ziegel produziert wurden, entstehen heute Wohnungen, das Areal der ehemaligen Brauerei Hürlimann erhält einen Mix von neuen Nutzungen, und auf dem Standort der ehemaligen Papierfabrik wächst das Freizeit- und Dienstleistungszentrum Sihlcity, das derzeit grösste private Bauvorhaben der Schweiz. Doch alle drei Entwicklungsgebiete bilden letztlich Inseln, die mit dem umgebenden Stadtgefüge nur äusserst dürftig vernetzt sind.

AUF DER SUCHE NACH DER SIHLSTADT

Text: Benjamin Muschg

Wenn es einmal eine Sihlstadt geben soll, muss sie wohl dort liegen, wo Hugo Lötschers «minderer Fluss» Zürich in süd-nördlicher Richtung durchquert. Im Schatten der grossen städtebaulichen Umwälzungen im Westen und Norden wird Zürich auch hier neu gebaut. Mit dem Areal der ehemaligen Papierfabrik Sihl, den Gebieten Giesshübel und Binz im früheren Lehmabbaugürtel oder der stillgelegten Brauerei Hürlimann liegt eine Reihe von zentrumsnahen Entwicklungsgebieten zwischen Allmend Brunau und Innenstadt an oder in unmittelbarer Nähe der Sihl.

Weil die Industriebrachen im Süden – im Gegensatz zu Zürich West und Zürich Nord – keine kompakte Bebauungsfläche, sondern kleinere Inseln innerhalb eines sehr heterogenen Stadtgeflechts bilden, kommt den Schlüsselbegriffen der Durchmischung und der Vernetzung bei den zurzeit und in naher Zukunft stattfindenden Umnutzungen hier eine noch grössere Bedeutung zu. Damit der Flussraum der Sihl zum Stadtraum wird, muss er einerseits als solcher wahrnehmbar sein und anderseits mit den angrenzenden Wohn-, Arbeits- und Erholungsgebieten in einen gegenseitigen Austausch

treten. Auf der Suche nach der Sihlstadt finden sich für beides jedoch kaum Anzeichen.

Im Schatten der Sihlhochstrasse

Wer sich entlang der Sihl in die Stadt treiben lässt, stösst noch vor dem eigentlichen Siedlungsgebiet auf etwas, von dem oft behauptet wird, dass es in Zürich nicht existiere: grosse Baukunst. Monumental, dynamisch und elegant überspannt eine riesenhafte Skulptur in *béton brut* das ganze Sihltal auf der Höhe Manegg. Das Verkehrsdreieck Zürich Süd, über das ab 2008 die Autobahn A3 von und nach Chur mit dem Üetlibergtunnel und der Westumfahrung verbunden wird, ist ein eindrückliches Strassenbauwerk und das eigentliche Südportal zur Stadt. Vielleicht ist die Ingenieurkunst am Fusse des Zürcher Hausbergs auch nur der jüngste bauliche Gewaltakt gegen den städtischen Sihlraum – auf jeden Fall ist sie ein übersehbarer Hinweis auf dessen erstes Hauptproblem, den Verkehrsstrom, der sich täglich durch das Flusstal in die Stadt zwängt.

Vor dem Übergang ins dicht besiedelte Stadtgebiet macht die Sihl noch einen letzten Schlenker durch die Allmend Bru-

1 Sihlcity, Zürich, geplante Eröffnung Frühling 2007 (Luftaufnahme der Baustelle, Juni 2005, und Visualisierung)

Sihlcity ist derzeit das grösste private Bauvorhaben der Schweiz. Auf rund 100 000 m² Grundfläche entstehen ca. 10 Gastronomiebetriebe, 90 Läden, ein Kino mit 9 Sälen, ein Kulturhaus, eine Diskothek, ein Gesundheits- und Wellnessbereich, ein Hotel mit 132 Zimmern sowie Dienstleistungsflächen und 16 Wohnungen. 850 Parkplätze sind vorgesehen. Das Investitionsvolumen beträgt 620 Millionen Franken, erwartet werden rund 20 000 Besucher pro Tag und jährliche Mieteinnahmen von ca. 40,5 Millionen.

Architektur: Theo Hotz AG, Zürich; Entwicklerin/Totalunternehmerin: Karl Steiner AG, Zürich; Investoren: Credit Suisse Immo PK, CSA Real Estate Switzerland, Credit Suisse Real Estate Fund Interswiss, Credit Suisse Real Estate Fund Siat, Credit Suisse Real Estate Fund Property Plus, Swiss Prime Site AG (Foto: Ralph Bensberg)

2 Stadtsiedlung Talwiesen-Binz, Zürich, 2005

Die auf dem ehemaligen Werkhofareal der Bauunternehmung Heinrich Hatt-Haller AG in drei Etappen entstehende Siedlung soll insgesamt 364 Wohnungen sowie Dienstleistungs-, Gewerbe- und Verkaufsflächen enthalten. In der ersten Etappe wurden 145 Mietwohnungen, 14 Dienstleistungseinheiten im Erdgeschoss sowie ein städtischer Kindergarten/Kinderhort gebaut. Die ersten Wohnungen wurden 2004 bezogen, die zweite Etappe wird zurzeit fertig gestellt.

Architektur: Leuppi & Schafroth Architekten AG, Zürich; Ausführungsplanung: Dachtler Partner, AG für Architektur, Horgen; Landschaftsarchitektur: Raderschall Landschaftsarchitekten AG, Meilen; Tragkonstruktion: Henauer Gugler AG, Zürich; Gebäudetechnik: Robert Aerni Ingenieur AG, Dietlikon; Elektroingenieur: Bürgin & Keller, Adliswil; Geologie/Geotechnik: Dr. Heinrich Jäckli AG, Zürich; Bauphysik/Akustik: FEAG Facility Engineering AG, Dietlikon; Totalunternehmer: Zschokke Generalunternehmung AG, Dietlikon; Bauherrschaft: Freienberg AG, vertreten durch: UBS Fund Management (Switzerland) AG, Basel (Etappe 1), Beamtenversicherungskasse des Kantons Zürich (Etappe 2 + 3)
(Foto: Markus Bertschi)

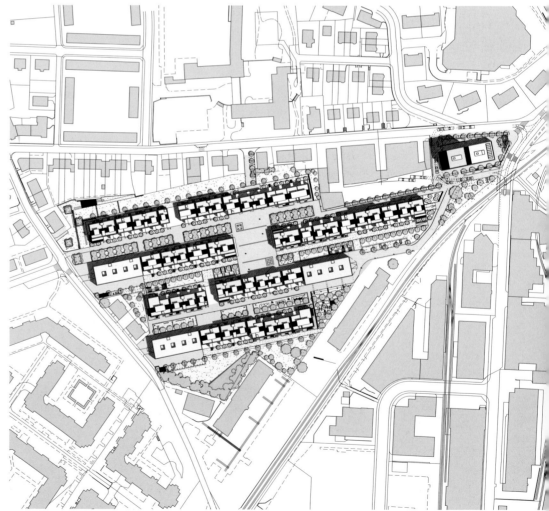

nau. Bis zur Eröffnung der Autobahnumfahrung wird auch Zürichs grösstes Naherholungsgebiet, das bis 1987 als Waffenplatz genutzt wurde, keine Baustelle mehr sein. Nach einem Konzept des Meilener Landschaftsarchitekturbüros Raderschall wird der Fluss in den kommenden Jahren renaturiert, und die beiderseitigen Grünbereiche werden neu gestaltet. Zentraler Eingriff ist die Ausweitung des Flusslaufs auf die doppelte Breite, die einerseits die natürliche Vielfalt im Uferbereich fördern soll und andererseits eine Konzession an das zweite Hauptproblem der Sihlstadt ist: den unberechenbaren Charakter des Flusses selbst. Die Sihl hat auch deshalb nicht die urbanen Qualitäten ihrer populären und zahmen Schwester, der Limmat, weil sie gewöhnlich nur ein trübes Rinnsal ist, nach starken Regenfällen aber – wie zuletzt beim Hochwasser im vergangenen August – zu einem reissenden Strom wird.

Bei der Brunaubrücke, wo Fluss, Nationalstrasse und Sihltalbahn einander überschneiden, beginnt die Stadt und der Leidensweg der Sihl. Seit 1974 verschwindet der Fluss von hier bis zur Autobahnauffahrt beim Sihlhölzli auf einer Länge von rund anderthalb Kilometern unter der Sihlhochstrasse. Obwohl alle ausser den darunter lebenden Fledermäusen das Dauerprovisorium verfluchen, wurde das Autobahnstück jüngst für eine provisorische Weiternutzung von 25 Jahren saniert. So zeugt das mit grüner Farbe dekorativ versiegelte lose Ende zwischen Auf- und Abfahrtsrampe beim Sihlhölzli weiter von der in den Sechzigerjahren geplanten Zusammenführung der Autobahnen von Süden, Westen und Norden hoch über dem Platzspitz. Vom oberirdischen Ypsilon haben die Verhinderer der vergangenen dreissig Jahre die Verkehrsplaner – zum Glück für die Sihl- und für die Limmatstadt – auf den Weg der Ringumfahrung lenken können.

Der demnächst vollendete Dreiviertelautobahnring ist zwar in Bezug auf Zürichs geografische Lage sinnvoll, ist einer Weltstadt aber unwürdig. Deshalb werden weiterhin Möglichkeiten evaluiert, wie der Ring geschlossen werden könnte. Ein zusätzlicher Tunnel unter dem Zürichsee hindurch wäre die plangrafisch befriedigendste Lösung gewesen und hätte überdies die Fahrt mit dem Geländewagen von der unteren Goldküste nach St. Moritz ideal verkürzt. Aus zwinglianischem Geiz wird das rund vier Milliarden Franken teure Projekt aber nicht mehr weiterverfolgt. Aktueller denn je ist dafür das Ypsilon.

Bund, Kanton und Stadt präsentierten im Frühling ihre Projektstudie einer unterirdischen Vollendung des Autobahnrings durch die bereits vorgebaute Unterquerung des Hauptbahnhofs hindurch, die zugleich als leistungsstarke Erschliessung der Innenstadt dienen und zum halben Preis des Seetunnels zu haben sein soll. Die Sihlstadt wäre unbestritten die erste Nutzniesserin: Die Hochstrasse könnte endlich entfernt werden, die Vision verspricht einen attraktiven städtischen Flussraum mit erstklassigen Wohn- und Geschäftslagen an grünen Auen, in dem sogar die Sihl vor Zufriedenheit tief blau wird.

Unbestritten ist auch, dass ein solcher Stadttunnel zusätzlichen Verkehr bringen würde, der durch noch nicht näher bekannte flankierende Massnahmen abgefedert werden müsste. Ein Rückbau der Sihlhochstrasse ohne vorherigen Bau des Stadttunnels steht derzeit nicht auf der politischen Agenda. Voraussetzung dafür wäre ja auch die Vision einer bedeutenden Reduktion des motorisierten Individualverkehrs in der Stadt – nicht die Projektion einer kontinuierlichen Zunahme. Wer die Sihlstadt sucht, findet unweigerlich die Verkehrspolitik.

Sihlcity, Talwiesen und Hürlimann

Weiter flussabwärts folgt die Baustelle, wo die Sihlstadt im Entstehen ist. Oder besser: Sihlcity, eine 620 Millionen Franken teure Umgestaltung der ehemaligen Sihl-Papierfabrik durch Immobilienfonds der Credit Suisse in ein modernes Freizeit- und Dienstleistungszentrum mit einer Grundfläche von 100 000 Quadratmetern. Das Projekt von Theo Hotz, das bis 2007 fertig gestellt werden soll, sieht entlang dem Fluss um den obligaten historischen Backsteinkamin herum ein fünfgeschossiges Ensemble von Industriearchitektur und gläsernen Neubauten vor. Pulsieren wird der «neue Stadtteil» jedoch vor allem während der Geschäftszeiten; nach der letzten Kinovorstellung trifft man wohl eher den Securitas-Wachmann als einen Bewohner der 16 integrierten Luxuswohnungen. Im Übrigen ist das Areal der alten Papierfabrik auf der Fussgängerebene von seiner Umgebung isoliert, weil es rundum von der vertieften und viel befahrenen Giesshübelstrasse umgeben und nur vom Kopf an der Utobrücke her zugänglich ist. Durch einen späteren Abbruch der Sihlhochstrasse würde Sihlcity zwar erheblich an Attraktivität gewinnen – ein schlecht integriertes städtebauliches Implantat bliebe es indes.

Das links der Sihl angrenzende Gebiet zwischen Allmend und Heuried, das nach den Stilllegungen der ehemaligen Ziegeleiareale von Lager- und Gewerbebauten und ab den Siebzigerjahren vom Bau grosser Dienstleistungszentren geprägt war, wandelt sich heute rasch in ein Wohnquartier. Grösster zusammenhängender Neubau ist die noch nicht vollendete Stadtsiedlung Talwiesen mit 360 Wohnungen, verteilt auf insgesamt acht Wohnblöcke in vier lang gezogenen Baureihen. Die reine Wohnsiedlung der Architekten Leuppi & Schafroth hat allerdings trotz ihres Namens keinen städtischen, sondern vielmehr suburbanen Charakter. Die Bauherrschaft, die UBS und die Beamtenversicherungskasse des Kantons Zürich, hat entsprechend der Marktlage nicht auf eine gemischt genutzte Überbauung, sondern konsequent auf Wohnungen gehobenen Standards gesetzt. Trotz ihrer grossen Durchlässigkeit ist die Stadtsiedlung deshalb nicht weniger eine Insel als Sihlcity.

Beim Sihlhölzli löst sich die Hochstrasse endlich in eine Auf- und Abfahrtsrampe auf und gibt den Blick auf einen anderen Kamin frei, der den nächsten neuen Stadtteil ankündigt. Auf dem Areal der ehemaligen Brauerei Hürlimann finden sich Loft- und andere Eigentumswohnungen für gut Verdienende, eine Seniorenresidenz, ein Bürogebäude, Laden- und Dienstleistungsräume – und 2008 wird das Thermalbad Aquipark eröffnet. Im Gegensatz zu Sihlcity ist diese City

3 Hürlimann-Areal, Zürich (Luftaufnahme / Visualisierung und Visualisierung des Marktes)

Die ältesten Bauten auf dem Gelände der früheren Hürlimann-Brauerei gehen bis ins Jahr 1867 zurück. Die mehrmals umgebaute und erweiterte Brauerei wurde 1997 geschlossen. Gemäss dem Gestaltungsplan von Metron Architekten umfasst die neue Bruttogeschossfläche rund 86 680 m², davon 29 % Wohnen, 55 % Dienstleistung, 4 % Einzelhandel und Gewerbe und 12 % Freizeit. Hinzu kommen 429 Parkplätze. Das Investitionsvolumen beträgt 365 Millionen Franken. Die Wohnbauten sind seit 2004 bezogen, ebenfalls 2004 wurde der Markt in den ehemaligen Stallungen, Garagen und Fassabfüllanlagen eröffnet. Die Seniorenresidenz Tertianum ist im Sommer 2005 fertig gestellt worden. 2008 soll das Thermalbad Aquipark, das grösste Erlebnis- und Thermalbad der Schweiz, seine Tore öffnen – eingefügt in die denkmalgeschützten Bauten und Kellergewölbe, inklusive Panoramabad auf dem Dach des Malz- und Sudhauses.

Wohnbauten: Architektur: Althammer Hochuli, Zürich
Tertianum: Architektur: Itten & Brechbühl AG, Zürich; Generalunternehmung: Zschokke AG, Zürich; Investorin: PSP Swiss Property; Leitung Residenz: Tertianum Management AG, Berlingen
Aquipark: Architektur: Max Dudler Architekten, Zürich; Bauherrschaft: Genossenschaft Migros Zürich, Klubschule Migros Zürich

Süd deshalb tatsächlich ein durchmischter, wenn auch etwas elitärer Stadtteil. Im Falle des Hürlimann-Areals hat die Deindustrialisierung die Stadtentwicklung aber sozusagen auf dem falschen Fuss erwischt: Als wenige Jahre zuvor beim Bau der neuen Börse und der Wohnsiedlung Selnau die Gleise der SZU neu verlegt wurden, ahnte niemand, dass Hürlimann den Brauereibetrieb bald einstellen würde. Nun trennt die Bahnlinie den neuen Stadtteil, der mit öffentlichen Verkehrsmitteln nur von der Enge her erschlossen ist, vollständig vom Sihlraum ab – die Chance einer wirksamen Vernetzung der Quartiere Wiedikon und Enge über die Sihl hinweg und durch das Hürlimann-Areal hindurch wurde verpasst. Der neue Steg über die Sihl und die anschliessende Gleisüberführung sind ansprechend gestaltet – als Verbindung dienen sie jedoch allenfalls den Bewohnern des Hürlimann-Areals für den Abendspaziergang an der Sihl; als Querverbindung für Radfahrer ist der Übergang bereits untauglich.

An der Sihlhölzli-Brücke tritt die Sihl in den Bereich der Innenstadt ein. Erst hier entsteht endlich doch noch ein Eindruck von Sihlstadt. Seit die Parkdecks über dem Fluss verschwunden sind, überblickt man seinen Raum bis zur Post-

brücke, wo er unter dem Hauptbahnhof verschwindet. Und ganz unten an der Gessnerallee hat die Sihlstadt neuerdings sogar eine kleine Riviera, wo sich die Menschen auf ein paar Stufen dem vernachlässigten Fluss nähern. Auf der anderen Seite des Hauptbahnhofs erwartet die Sihl aber schon ihre letzte Demütigung: Nachdem sie auf ihrem Weg durch Zürich umgeleitet, kanalisiert und überdeckt wurde, verliert sie beim Platzspitz nach ihrer 73 Kilometer langen Reise vom Drusberg auch noch ihren Namen an die erst 2000 Meter alte Limmat.

Autor: Benjamin Muschg diplomierte an der Architekturabteilung der ETH Zürich. Er lebt und arbeitet in Zürich als frei schaffender Architekt und Journalist. Neben Architektur schreibt er auch über Sport für den *Tages-Anzeiger* und die *SonntagsZeitung*.

AREALPLANUNGEN VERSUS STADTBILD

Zürich West – eine Zwischenbilanz Seit rund einem Jahrzehnt wird die Umstrukturierung des Stadtbereiches Zürich West sichtbar, in den nächsten Jahren werden weitere durchgreifende bauliche Veränderungen erwartet. Wenn wir den bisherigen Planungsablauf rekapitulieren und eine Zwischenbilanz ziehen, so stellt sich die Frage, inwieweit die einst formulierten planerischen Ziele erreicht worden sind und wie plausibel ihre Erfüllung heute scheint.

Text: Michael Hanak

Im Industriequartier Zürichs setzte ab den späten Siebzigerjahren des letzten Jahrhunderts ein durchgreifender Wandel
ein. Der Niedergang der traditionellen Industriebetriebe, ihre
Tätigkeits- und Produktionsverlagerungen setzten ganze
Fabrikareale frei. Der Seifenhersteller Steinfels zog 1986 in
eine ländliche Gemeinde um, die Maschinenfabrik Sulzer-
Escher-Wyss schloss diverse Teilbereiche und liess 1988
einen Gestaltungsplan für sein Areal ausarbeiten, die Bier-
brauerei Löwenbräu drehte 1989 ihre Hahnen zu, Maag-
Zahnräder beendete 1997 nach jahrelangen Restrukturie-
rungsversuchen ihre industrielle Produktion.[1] Durch den
wirtschaftlichen Strukturwandel wurden viele ehemalige
Produktionsgebiete zu brach liegenden Arealen. Über die
weitere Entwicklung der Industriebrachen gingen die Mei-
nungen auseinander.

Der jahrelange Kampf um die neue Bau- und Zonenordnung führte zu einer Pattsituation und endete damit, dass die
kantonale Baudirektion 1995 eine vorläufige Zonenordnung
erliess. Im gleichen Jahr initiierte die Stadtverwaltung das so
genannte Stadtforum, in dem die verschiedenen politischen
Parteien, Grundeigentümer und Stadtämter in Dialog treten
sollten. Aus den zehn Forumssitzungen resultierten ein paar
Projektideen und zwei Empfehlungen: Zürich West sollte
städtebaulich aufgewertet und zu diesem Zweck ein koope-
ratives Verfahren eingeleitet werden.

Kooperative Entwicklungsplanung

In der Folge erarbeitete das Amt für Städtebau zusammen mit
Grundeigentümern und Betroffenen die Planungsgrundlagen
und entwicklungspolitischen Prinzipien. In einer ersten
Phase wurden 1998 Gedankenmodelle und Visionen diskutiert. Eine «Impulsgruppe Aufwertung Zürich West» sollte
den Prozess vorantreiben. Zum Auftakt organisierte sie eine
Ausstellung auf dem Steinfelsareal, in der erste Bauprojekte
vorgestellt wurden. Im Rahmen von Testplanungen wurden
Studienaufträge an drei Teams vergeben: an das Office for
Metropolitan Architecture OMA, an Ernst Basler Partner/
Dudler sowie an Morger & Degelo/Kerez. Bei der Diskussion
ihrer Projekte wurde deutlich, dass die Grundeigentümer
mehr ein vermarktbares neues Stadtbild suchten und die Planer eher an eine prozesshafte Herleitung aus dem Bestehenden dachten. Insbesondere bei der Verteilung der Freiräume,
deren Notwendigkeit alle einsahen, konnte nur ein abstrakter
Konsens gefunden werden.

Im Februar 1999 hielten die Beteiligten der kooperativen
Entwicklungsplanung ihre gemeinsamen Absichten in einem
Synthesebericht fest: Erstens soll eine nachhaltige Aufwer-
tung und damit ein hoher Nutzen für Bevölkerung, Grundei-

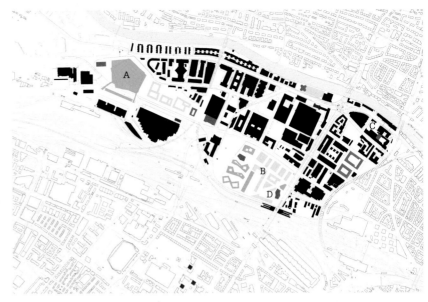

1 **Stadtmodell**
Die bestehenden Hochhäuser sind rot,
die geplanten orange eingefärbt
(Hochbauamt Stadt Zürich)

2 **Übersichtsplan von Zürich West:**
A **Stadion Hardturm, Projekt**
B **Coop-Areale/Maag+, Projekt**
C **Löwenbräu-Areal, Projekt**
D **Prime Tower auf dem Maag-Areal, Projekt**

3 **Zürich West, aktueller Zustand**
(Planungsgrundlagen: Geomatik und Vermes-
sung Stadt Zürich)

gentümer und Wirtschaft im Quartier erfolgen; zweitens
muss die nationale und internationale Wettbewerbsposition
gestärkt werden; und drittens würde durch eine effiziente
Zusammenarbeit der Planungsbeteiligten eine langfristig attraktive Entwicklung und eine hohe städtebauliche Qualität
resultieren.[2] Hinter den grossen Worten liess sich die Absicht
erkennen, ein Leitbild zu entwickeln. Wiederum bemühte
sich die Stadtverwaltung um Öffentlichkeitsarbeit: In der
Ausstellung *Stadt-Einsichten* im Zürcher Helmhaus 1999
wurde der Wandel in der Stadtentwicklung thematisiert und
das kooperative Verfahren erläutert.

Nebst den bisherigen generellen Zielformulierungen haben Stadtverwaltung und Grundeigentümer dann auch quan-
titative Eckwerte der Bodennutzung festgelegt sowie ein

2 Coop-Areale/Maag+, Zürich
**Das Projekt umfasst vier Wohnhäuser, ein
Dienstleistungsgebäude sowie ein
Hochhaus mit Büros und Wohnungen auf
dem Areal des Coop-Verteilzentrums**

Planung: Vorprojektstudie 2003, Projekt 2004 bis
2005, Ausführung ab 2006/07
Promotor: Marazzi Generalunternehmung AG,
Muri b. Bern; Architektengemeinschaft: Marcel
Meili, Markus Peter Architekten, Zürich und
Diener & Diener Architekten, Basel; Marcel Meili,
Markus Peter Architekten, Zürich, Projektleitung:
Patrik Haemmerle, Jürg Spaar, Anne Kaestle,
Christian Müller; Mitarbeit: Axel Baudendistel,
Hartmut Göhler, David Lopez, Oliver Lütjens,
Konrad Mangold, Ricarda Metelmann, Nelson
Tam, Christa Vogt (Projekt), Markus Jung,
Maximilian Donaubauer (Vorprojektstudie);
Diener & Diener Architekten, Basel,
Projektleitung: Andreas Rüedi, Dieter Righetti,
Kornelia Gysel, Melanie Langewort, Urs Schönen-
berger; Mitarbeit: Kimura Hiroyuki, Thomas
Padmanabhan, Can Serman, Nelson Tam, Chris-
tian Severin, Claudia Dische, Harun Rashid
(Projekt), Nicolas Grandjean, Stephan Möhring
(Vorprojektstudie); Tragkonstruktion: Basler &
Hofmann AG, Zürich; Haustechnik: PGMM
Schweiz AG, Winterthur; Landschaftsarchitektur:
Rotzler Krebs Partner, Winterthur

Freiraum- und Verkehrskonzept erarbeitet. Im Juni 2000 wurde, als Zwischenresultat einer weiteren Phase der kooperativen Planung, das Entwicklungskonzept in einem Faltblatt zusammengefasst. Zwölf städtebauliche Prinzipien zeigten die angestrebte Entwicklung des Stadtteils auf. Die skizzierten Leitlinien, die stark auf den bestehenden Strukturen aufbauten, sollten als Hilfsmittel bei der Umsetzung der konkreten Arealplanungen dienen. Eine Ausstellung im Haus zum Rech 2001 und die dazu erscheinende Zeitung waren wieder Angebote an die Öffentlichkeit, sich mit den planerischen Absichten auseinander zu setzen.

Qualitäten noch offen

Ausgangspunkt der kooperativen Entwicklungsplanung von Zürich West war die gegenseitige Abhängigkeit: Die Grundeigentümer können ihre Areale nur entwickeln, wenn die öffentliche Hand die Infrastruktur darauf zur Verfügung stellt. Das neuartige planerische Vorgehen brachte in erster Linie alle direkt Beteiligten gemeinsam ins Gespräch und zu einem Konsens über die städtebaulichen Leitbilder. Doch aus dem

Planungsprozess gingen reine Absichtserklärungen hervor, die keinerlei rechtliche Verbindlichkeit beinhalten. Kooperation bedeutete im Grunde Kommunikation. Zweifelsohne ist mit der Einigung über die planerischen Absichten und Rahmenbedingungen bereits sehr viel getan; ob es genug war, wird sich zeigen. Ob die formulierten Ziele eingehalten werden, ist nur mit einigem Aufwand überprüfbar.[3] Für die gesamtheitliche Betrachtung war es sicherlich notwendig, nach Stadtbildern zu suchen. Die angestrebte Aufwertung jedoch muss mehr sein als ein Mittel des Stadtmarketings im Standortwettbewerb. Die Umnutzung der Fabriken und Gewerbebauten führte zu einem spannenden Nutzungscocktail, der die Identität des Quartiers geprägt hat. Eine definitive Erhaltung der prägnanten Industriebauten scheint leider nur in Ausnahmefällen möglich zu sein.

Die Neubebauung der einzelnen Areale lässt sich mit Gestaltungsplänen erfolgreich steuern. Auf denjenigen der ehemaligen Industriebetriebe Schöller und Steinfels wurde dies bereits umgesetzt, Löwenbräu und Maag sind auf dem besten Weg dazu. Problematischer erweist sich die Beteiligung

3 Löwenbräu-Areal

Der Gestaltungsplan von 1993, der den Abbruch der alten Brauerei vorsah, wurde zwar angenommen, konnte aber aus wirtschaftlichen Gründen nicht realisiert werden. Das neue Projekt sieht ein Ensemble von alten und neuen Gebäuden vor, in dem die heute an diesem Ort etablierte Kunstszene – zumindest mittelfristig – bleiben kann. Alle markanten Gebäude entlang der Limmatstrasse und das Stahlsilo sind nun unter Schutz gestellt. Es entstehen drei miteinander vernetzte Innenhöfe und ein 70 m hohes Hochhaus im Zentrum. Die Neubauten sind von der Gebäudestruktur, der Erschliessungen und den Geschosshöhen her so angelegt, dass sich die Verteilung von Büro- und Wohnnutzung flexibel auf die Nachfrage ausrichten kann. Die Realisierung ist für 2007–2008 vorgesehen

Bauherrschaft: PSP Swiss Property, Zug; Architektur/Städtebau: Annette Gigon/Mike Guyer, Zürich, atelier ww, Zürich

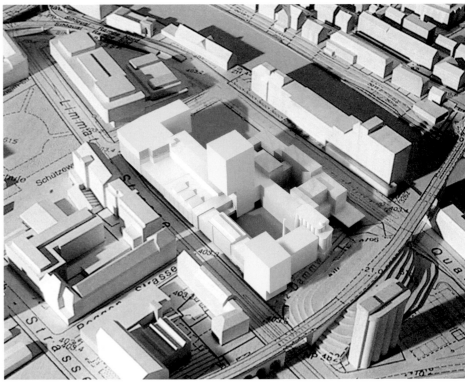

der Grundbesitzer an öffentlichen Freiräumen und gemeinschaftlicher Infrastruktur. Die Stadt ist hier auf deren Goodwill angewiesen und handelt Kostenbeteiligungen für die aufwertenden Massnahmen aus.

Technopark, Limmat West, Steinfels, Schiffbau und Puls5 heissen die wichtigsten bisher realisierten Bauprojekte. Noch wirken sie als unabhängige Einzelteile im bestehenden Ganzen. Nun muss das Freiraumkonzept umgesetzt werden. Denn von den räumlichen Zusammenhängen innerhalb des Quartiers hängt die Qualität des Planungsergebnisses wesentlich ab. Überzeugende räumliche Verbindungen zwischen den einzelnen Planungsperimetern fehlen bisher noch, Grossbauten und Verkehrsachsen unterbrechen die gemeinsame Lesbarkeit.

Damit die planerischen Bemühungen besser erkannt werden, sind gut gestaltete Freiräume nötig. Für das angestrebte Image eines «Zentrumsgebietes mit Impulsfunktion» (kantonaler Richtplan 1995) kann schliesslich hochwertige Architektur entscheidende Zeichen setzen. In diesem Sinn sind nun einige Hochhäuser geplant.

Autor: Michael Hanak ist frei schaffender Kunst- und Architekturhistoriker in Zürich. Er beteiligt sich regelmässig an Projekten des Instituts für Geschichte und Theorie der Architektur (gta) der ETH Zürich und ist Redaktor der Werkzeitschrift ARCH für die Eternit AG.

[1] Vgl. Jan Capol, «Der Umbruch», in: Werkstatt West (Zeitung zur Ausstellung des Amts für Städtebau im Haus zum Rech, 21. 8. – 23. 11. 2001), S. 4–5.
[2] Vgl. Entwicklungskonzept Zürich West. Kooperative Entwicklungsplanung, hrsg. vom Hochbaudepartement der Stadt Zürich, Amt für Städtebau, Zürich 2000.
[3] Vgl. Alain Thierstein, Wilhelm Natrup, Sabine Friedrich, Dunja Binggeli, Carolina Grimaldi, Aufbruch West? Nachhaltige Entwicklung und städtische Erneuerung am Beispiel von Zürich West, hrsg. von der Zürcher Kantonalbank, Zürich 2005.

4 **Gemäss dem *Entwicklungskonzept Zürich West* (Hochbaudepartement der Stadt Zürich, Stand Juni 2000) sollen 12 städtebauliche Prinzipien die zukünftige Identität des neuen Stadtteils steuern** Orthogonaler Raster für Bauten, Räume, Wege; Störung der Orthogonalität; Drei Ebenen (EG, Dachflächen, Verbindungsanlagen); Grossstrukturen und grosse Massstäbe; Identität stiftende Räume; Nischen; Gassen; Hierarchisch übergeordnete Verkehrsräume; Visuelle Ausblicke; Physische Vernetzung der Freiräume; Öffentlichkeit in den Innenräumen; Durchgehende Erdgeschosse

1 **Perspektive von Haefeli, Moser und Steiger, Wettbewerbsentwurf 1936/37** (Fotos: Institut gta, ETH Zürich)

DIE LUST AM SCHEITERN

Ein neues Kongresszentrum für Zürich

Rafael Moneo, Livio Vacchini und Yoshio Taniguchi sind die Finalisten im Wettbewerb für ein neues Kongresszentrum am Zürcher Seeufer. Alle drei sehen den Abbruch des Kongresshauses von Haefeli, Moser, Steiger vor – architektonische Ignoranz paart sich mit kopfloser Planung seitens der städtischen Verantwortlichen. Zürich droht eines der herausragenden Bauwerke des 20. Jahrhunderts zu verlieren.

Text: J. Christoph Bürkle

Zwar ist in Zürich im Bereich des Wohnbaus in den letzten Jahren Hervorragendes erreicht worden – mit prestigeträchtigen Grossprojekten, mit «Spitzenarchitektur», die das Stadtbild nachhaltig prägt und die eindringlich gefordert wird, tut sich die Stadt hingegen schwer. Hier reiht sich ein Debakel an das andere und keiner weiss so recht, woran das liegt. Beim Hardturmstadion beispielsweise hielt die Stadt hartnäckig am Modell des polysportiven Mehrzweckstadions fest, entgegen allen Expertisen, liess mehrere Architekturbüros bis zur Grenze der finanziellen Tragbarkeit daran arbeiten, um das Projekt dann sang- und klanglos aufzugeben. Andere Beispiele liessen sich anfügen, und man fragt sich, was in Zürich eigentlich schief läuft. Der Ruf nach einem starken Stadtbaumeister wird immer lauter, einem, der meisterlich die Stadt baut, mit einer visionären Vorstellung von Urbanität. Architektonische Artefakte gibt es kaum noch, wenn Planer immer mehr zum Steigbügelhalter politischer Geltungssucht oder vordergründiger Investorenrendite werden müssen. Unwillkürlich ist man an die Dreissiger- oder Vierzigerjahre erinnert, als Stadtbaumeister nicht nur hierzulande als bauerfahrene Architekten zumeist noch selbst mit Hand anlegten, und sowohl städtebauliche als auch architektonisch prägende Bauten entstanden, die noch heute durch ihre nachhaltige Qualität überzeugen.

Seit jener Zeit ist in Zürich nur wenig entstanden, was das Prädikat «wertvoll» verdient hat, und so tut die Stadt gut daran, wenigstens die wichtigen Zeugen der Zürcher Moderne zu erhalten. Das Hallenstadion von Steger und Egender ist das letzte und überaus gelungene Beispiel für nahezu integral erhaltene Bausubstanz. Allerdings befindet sich das Hallenstadion an der Peripherie – ganz anders als das alte Kongresshaus, das an einem privilegierten Seegrundstück liegt und nun zum Objekt politischer wie auch wirtschaftlicher Begierde geworden ist. Dass ein Grossprojekt ohne private Investoren nicht realisiert werden kann, steht ausser Frage. Wenn wie bei dem geplanten Hardturmstadion Umfang, Höhe und Standort des Stadions von der so genannten Mantelnutzung – also den gewinnbringenden Nebengeschäften wie Läden und Restaurants – bestimmt werden und der eigentliche Zweck des Gebäudes beinahe zur Nebensache wird, dann ist eine solche, zudem noch stark konjunkturabhängige Planung fragwürdig.

Ob eine kleine Stadt wie Zürich ein grosses Kongresszentrum ertragreicher führen kann als das beim defizitären Luzerner Haus der Fall ist, müssen Fachleute klären. Es spricht zumindest nichts dagegen. Aber es muss nicht ausgerechnet auf dem Gelände des alten Kongresshauses stehen, das durchaus weiter betrieben werden kann und Teile einer Kongressnutzung bis heute bestens erfüllt. Das Verfahren zur Erlangung eines neuen Kongresszentrums macht nachdenklich und wirft einige Fragen auf, die vielleicht symptomatisch für so manches Planungsverfahren in Zürich sind.

Ungereimtheiten und Kommunikationsdefizite

Zunächst sollte bei einem sowohl städtebaulich als auch historisch so wichtigen Gebäude wie dem der Architektengemeinschaft Haefeli, Moser und Steiger (HMS) 1937 bis 1939 errichteten Kongresshaus die Schutzwürdigkeit und Denkmalfähigkeit vor der Ausschreibung eines neuen Gebäudes auf demselben Gelände abgeklärt werden. Die Stadt hat den gegenteiligen Weg eingeschlagen. Bereits in der Ausschreibung vom 26. August 2003 für die künftigen Betreiber und Investoren heisst es: «Das Resultat des vorgesehenen Architekturwettbewerbes sowie planerische und betriebliche Überlegungen für das neue Kongresszentrum werden aufzeigen, ob das bestehende Kongresshaus teilweise erhalten oder abgebrochen werden kann.»[1] Somit war von Beginn an klar, dass eine umfängliche Erhaltung des Kongresshauses von der Stadt nicht vorgesehen und eine vorherige Abklärung auch nicht beabsichtigt war. Und dies, obwohl in der Ausschreibung klar definiert ist, dass das Kongresshaus ein kantonales Schutzobjekt ist. Dieses Vorgehen wird in der Ausschreibung wenige Seiten später bestätigt, in welcher in der detaillierten Ablaufplanung unter dem Jahr 2005 «Inventarentlassung» zu finden ist, und für die daraus resultierenden Rekurse ein Zeitraum bis Mitte 2007 vorgesehen ist.[2]

Auch der Standort für das neue Kongresszentrum schien von Anfang an festzustehen: In der Ausschreibung heisst es, dass Evaluationen und Machbarkeitsstudien ergeben hätten, dass ein neues Kongresszentrum nur an der Lage des alten Kongresshauses ein «zukunftweisendes und architektonisch markantes Projekt» darstellen könne.[3] Ähnlich war es beim Hardturmstadion. Auch hier kamen Evaluationen nur zu dem

Standort an der Limmat. Hätte man einmal nach München geschaut, wo das überaus erfolgreiche neue Stadion von Herzog & de Meuron weit ausserhalb der Stadt liegt, hätte man sich viele Probleme erspart. Wenn das Stadion scheitern wird, dann nicht zuletzt an dem problematischen Standort. Bei der Standortwahl des neuen Kongresszentrums hat wohl einzig das Vorbild des Kongresshauses in Luzern von Jean Nouvel direkt am See Pate gestanden, denn üblicherweise befinden sich solche Bauten in der Nähe der Bahnhöfe oder Flughäfen, weil eine gute Verkehrserschliessung und die Nähe preiswerter Hotels wichtiger sind als die Aussicht auf See oder Berge – werden Kongresse doch zumeist in verdunkelten oder fensterlosen Räumen abgehalten. Für die Nähe zu günstigen Hotels hatte die Stadt bereits vorgesorgt, denn für das Hotel auf dem heutigen Areal des Park Hyatt war in jener Ausschreibung explizit eine «enge Zusammenarbeit mit dem Kongresshaus vorgesehen». Das Park Hyatt sollte maximal «ein Stadthotel der 3-Sterne-Klasse werden, welches sich vor allem an Kongressteilnehmer und an internationale Geschäftsleute wendet». Wie so oft in Zürich wurden hier Parameter bei der Ausschreibung vorgegeben, die dann später keine Rolle mehr spielten. Heute ist das Park Hyatt ein 5-Sterne-Hotel der Oberklasse, das für Kongressteilnehmer viel zu teuer ist, weshalb ein neues Kongresshotel, laut Bauamt, auf dem Areal des Kongresshauses geplant werden muss. Das macht die Sache noch schwieriger – oder auch einfacher –, weil das ehrgeizige Raumprogramm nun ohne den Abriss des alten Kongresshauses kaum unterzubringen ist.

Allenthalben Ungereimtheiten, die von dem Hochbaudepartement der Stadt Zürich auch nur bruchstückhaft kommuniziert werden, was das Verfahren nicht gerade vereinfacht, weil das Misstrauen von Fachleuten und Bevölkerung gegenüber dem Neubauprojekt erheblich zunimmt. Machbarkeitsstudien sollten klären, ob auf dem Areal das ehrgeizige Raumprogramm überhaupt realisierbar ist. Diese Studien wurden zur öffentlichen Diskussion nicht freigegeben, vielmehr ist seit März 2005 ein eingeschränkter Wettbewerb ausgeschrieben, an dem sich folgende renommierten Büros beteiligten: Diener & Diener, Basel; Gigon/Guyer, Zürich; Bétrix & Consolascio, Erlenbach; Dürig Architekten, Zürich; Livio Vacchini Eloisa Vacchini architetti, Locarno; David Chipperfield, England; Yoshio Taniguchi, Japan; Souto de Moura, Portugal; Dominique Perrault, Paris und Rafael Moneo, Spanien. Zwar musste in einer Zwischenbesprechung das Raumprogramm bereits reduziert werden, aber das tut den Zielvorgaben keinen Abbruch: Es soll nun also um jeden Preis Spitzenarchitektur hervorgebracht werden, von der es in Zürich so wenig gibt. Ob das mit den Anfang November gekürten Finalisten Moneo, Taniguchi oder Vacchini gelingt, bleibt zumindest fragwürdig.

Planungsgeschichte des Kongresshauses

Bereits seit den Zwanzigerjahren des letzten Jahrhunderts bestand in Zürich der Plan, ein Konzert-, Kongress- und Ausstellungsgebäude zu errichten, da schon damals in Zürich ein grosser Saal für Veranstaltungen fehlte. Es wurden unterschiedliche Standpunkte diskutiert, unter anderem äusserte Stadtbaumeister Hermann Herter den Vorschlag, die Kongresshalle auf der Blatterwiese am Zürichhorn zu errichten. Die 1934 gegründete Genossenschaft Zürcher Konzert-, Kongress- und Ausstellungsgebäude kam bereits 1935 zu dem Ergebnis, dass es von Vorteil sei, den Neubau mit der bestehenden Tonhalle zu verbinden. Die Tonhalle, zwischen 1893 und 1895 von den Wienern Fellner und Hellmer errichtet, lag an bevorzugter Stelle, direkt am Zürichsee. Am zweckmässigsten sei es, so die Genossenschaft, den Pavillon und die Türme der Tonhalle abzureissen und den Haupttrakt der Tonhalle mit dem Vestibül im Parterre und den darüber liegenden Sälen stehen zu lassen. Auf den vorgelagerten, frei gewordenen Flächen sei sodann der Kongressbau zu errichten. Bereits hier wurde also das Bauprogramm vorgespurt.

Einen entscheidenden Schub brachten dann die Planungen für die Landesausstellung 1939 an den Zürcher Seeufern, deren Eröffnung zu jenem Zeitpunkt noch für den 1. Mai 1938 geplant war. Armin Meili, der Direktor der Landesausstellung, machte den Vorschlag, die Kongresshalle gleichzeitig als Hauptbau der Landesausstellung zu errichten, nicht zuletzt, um so die Ausstellung von zu grossen Hallen zu entlasten. Nun beschloss man, das Kongresshaus direkt an die Tonhalle zu stellen, wodurch auch die Frage des Areals gelöst war. Somit kam das Kongresshaus zu der privilegierten Lage direkt am See und stand zugleich im räumlichen Mittelpunkt des Ausstellungsgeländes rechts und links an den Ufern.

Unter enormem Zeitdruck wurde ein Wettbewerb ausgeschrieben, unter dessen 103 Einsendungen Haefeli, Moser und Steiger am 4. Januar 1937 als Sieger hervorgingen. Die Entwürfe wurden – von Stadtpräsident E. Klöti, Verkehrsdirektor A. Ith, dem Direktor der Schweizerischen Landesausstellung Armin Meili, dem Sekretär der Tonhalle-Gesellschaft Fritz Boller und den Architekten Hermann Baur, E.F. Burckhard und J. A. Freytag als Preisrichter – am 4. Januar 1937 mit folgendem Ergebnis begutachtet: Haefeli, Moser und Steiger, 1. Preis; Kellermüller & Hofmann, 2. Preis; Moser & Kopp, 3. Preis; K. Egender & W. Müller, 4. Preis; Roland Rohn, 5. Preis; R. Stücker, 6. Preis. Je einen Ankauf erhielten Adolf Steger, Fritz Hungerbühler und die Gebrüder Pfister.

Für die ca. 40-jährigen Architekten Max Ernst Haefeli, Werner Max Moser und Rudolf Steiger bedeutete dieser Sieg den beruflichen Durchbruch und zugleich für die Stadt einen – wenn auch späten – architektonischen Paradigmenwechsel. Bis zu jenem Zeitpunkt waren Haefeli, Moser und Steiger bei grösseren städtischen Wettbewerben und Schulbauten immer auf den zweiten oder dritten Rängen gelandet und hatten gegen gemässigtere Büros wie die Gebrüder Pfister oder andere verloren. Es darf nicht vergessen werden, dass auch die Siedlung Neubühl von der Stadt und den Banken eher bekämpft und von den Architekten selbst finanziert worden war. Den Wettbewerb für das kurz zuvor errichtete Bad Allenmoos hatten Haefeli und Moser wohl gewonnen, weil Rudolf Steiger im Preisgericht gesessen hatte.

Nach dem Ergebnis des Wettbewerbes für das Kongresshaus haben sich die Mitbegründer der CIAM-Kongresse Werner Max Moser und Rudolf Steiger mit dem Erbauer der Häuser an der Wasserwerkstrasse, Max Ernst Haefeli, überhaupt erst zur Arbeitsgemeinschaft HMS zusammengeschlossen – das Kongresshaus bedeutet also den eigentliche Start ihrer Karriere. Zusammen mit der Baukommission wurden die Ausführungspläne erstellt, auf deren Grundlage eine Kostenberechnung von 8 Millionen Franken erstellt werden konnte, die am 23. Oktober 1937 zur Abstimmung vorgelegt wurde.

Der Bau von Haefeli, Moser und Steiger

Haefeli, Moser und Steiger entwarfen einen L-förmigen Baukörper, dessen kleinerer Schenkel sich mit der Eingangshalle und den Foyers an die Seitenfront der bestehenden Tonhalle angliedert, während sich der grössere Gebäudeteil mit der Kongresshalle zum See hin orientiert. Auf diese Weise wendet sich das Gebäude – entgegen der alten Ausrichtung der Tonhalle – von der Stadt ab und öffnet sich zum See und der Alpenlandschaft.

Das Wettbewerbsmodell zeigt gegenüber dem überarbeiteten Ausführungsmodell eine betont organische Abstufung der Baumasse zum See hin, was sich besonders in dem geschwungenen Körper des Kongresssaales ausdrückt.

Da es sich bei dem Baugrund um eine aufgeschüttete Uferregion mit darunter liegender Seekreide handelte, mussten zunächst aufwändige Fundamentierungsarbeiten vorgenommen werden. Teils wurden die Pfahlfundationen der Tonhalle durch Zementinjektionen befestigt, teils wurden neue Pfähle in den wegen hydrostatischer Bewegungen nur schwer zu berechnenden Untergrund eingebracht.

Die grundsätzliche räumliche Organisation ist über das parallel neben dem Vestibül der alten Tonhalle liegende Kongress-Vestibül als Verteilerzone organisiert, von hier aus werden die unterschiedlichen Funktionsbereiche erschlossen: An der Stirnseite befindet sich der Haupteingang mit dem weit vorgezogenen Dach des Perrons. Von der Vorhalle mit den Garderobenfoyers können Gartensaal, -foyer und -hof und weitere Nebenräume erreicht werden. Am Ende des langen Vestibüls führt der Weg an dem Gartenhof vorbei zu der zweiläufigen Treppe und zu den Sälen im oberen Stockwerk. Der Besucher kann sich so über die Erschliessung, gleichsam über den langen Weg, langsam auf das festliche Ereignis einstimmen.

Hier angelangt zweigen von dem grosszügigen, zweigeschossigen Foyerbereich der Vortrags-, der Kammermusik- und der Kongresssaal ab. Das Foyer kann bei Kongressen erweitert werden, zudem gibt es einen fliessenden Übergang nach aussen zur Gartensaalterrasse. Eine transparente räumliche Trennung bildet der eingestellte Wintergarten im Galeriegeschoss zwischen Kongresssaal- und Tonhallenfoyer. Der Kongresssaal ist mit ca. 1600 Plätzen das wichtigste Glied des Kongresshauses. Die gewölbte Decke hat eine Eisenkonstruktion, die auf seitlichen runden Pfeilern aufliegt. Dadurch sind die Seitenwände weitgehend in Glas aufgelöst, so dass Tageslichtbeleuchtung und eine Verbindung zur Terrasse möglich sind.

Das moderne Prinzip des freien Grundrisses und der Trennung von Konstruktion und Wand findet sich in dem Gebäude mehrfach in der Durchdringung von Innen- und Aussenraum. Dieses Entwurfschema wird jedoch durch festlich wirkende, teilweise dekorative Elemente konterkariert. Die zunächst geometrisch klar aufgebauten Räume werden von angrenzenden geschwungenen Vorräumen und gekurvten Balustraden in ihrer volumetrischen Wirkung ergänzt.

Besonders bei der Wandbehandlung im Inneren des Gebäudes wird dieses Moment noch gesteigert: Die Flächen erhalten einen individuellen Charakter, bedeutungsvoll und gelegentlich festlich in unterschiedlichen Materialien ausgeführt, mit Oberflächentexturen versehen oder mit dekorativen Elementen geschmückt. Verbunden mit funktionalen Erwägungen erlangen diese Strukturen oftmals den Charakter abstrahierter Ornamente, die ganz bewusst den Eindruck von Festlichkeit vermitteln sollen, wie man ihn sonst nur bei Architektur aus den Fünfzigerjahren kennt. Zwar ist die Konstruktion des Kongresshauses meist sichtbar, sie wird aber an vielen Punkten durch Dekorationselemente eingebunden oder kaschiert. Teilweise erhalten die Stützen an der Verbindungsstelle zu den Trägern im Dach achteckige Rosetten aus Holz, deren Lochung ein ornamentales Muster ergibt; zugleich verbergen sie die Frischluftzufuhr und besitzen eine akustische Dämmfunktion.

Im Kongresssaal münden die Stützen in den abgehängten Teil der Decke und schaffen so Raum für ein direktes und indirektes Lichtband, so dass der Saal einen aufgelösten, gleichsam schwebenden Eindruck erhält. Bei der Ausstattung des Kongresshauses wurde die konstruktive Logik im modernistischen Sinne zu Gunsten der dekorativen und räumlichen Wirkungen weitgehend aufgegeben – eine Strategie, die weit über ihre Zeit hinaus weist.

Auch bei der äusseren Wandbehandlung wird die Abkehr vom klassischen Kanon der Moderne besonders deutlich. Im Gegensatz zu einer flächigen und einheitlichen Fassade erhält die Wand nun durch die verschieden tief in der Wand liegenden Öffnungen eine gewisse Plastizität und damit auch Massivität zurück, so dass der nicht tragende Charakter negiert wird. Statt einheitlicher grosser Flächen gibt es stark gegliederte Fassaden, an denen sich unterschiedlichste Elemente und Formen finden. Einzelne Fassadenbereiche, wie etwa jener, hinter dem die Verwaltung Unterbringung gefunden hat, werden sogar durch eine ganz eigene Sprache gekennzeichnet. Das führt an der Rückseite des Baues dazu, dass die Fassade einen collagehaften Charakter erhält und das Gebäude kaum noch als formale Einheit gesehen werden kann, wie es im Wettbewerbsentwurf noch geplant war.

Typologisch nimmt das Kongresshaus eine prägnante zeitgemässe Stellung ein, die zwischen den Leitbildern des Neuen Bauens und traditioneller Architektur liegt. Mit der den Funktionen und städtebaulichen Prämissen entsprechenden Baukörpergliederung hat es durchaus Bezüge zur Architektur Le Corbusiers – beispielsweise zum spektakulären Entwurf des Völkerbundpalastes. Eine traditionelle Gegenposition ist das kurz vorher entstandene Kongresshaus in Luzern von Armin Meili aus den Jahren 1930 bis 1933.

2

3

4

2 **Luftansicht des Kongresshauses**

3 **Grosser Saal 1939**

4 **Lampen von Max Ernst Haefeli, nach dem Umbau in den Achtzigerjahren bei Christie's für 5000–7000 Franken angeboten**

Zeitgenössische Kritik

Die zeitgenössische Kritik zum Kongresshaus zeigt sich moderat, woraus zu schliessen ist, dass es Haefeli, Moser und Steiger gelungen war, zu jener Zeit des Wandels eine Architektur zu liefern, die einen allgemeinen Konsens darstellte. Es existieren Stellungnahmen zum Kongresshaus von Sigfried Giedion, Peter Meyer und Armin Meili, womit auch gleich ein ideologisches Spektrum abgesteckt ist, und bei allen dreien wird das Kongresshaus zwar verhalten, aber dennoch positiv beurteilt. Es wird auf die Schwierigkeit der Erfüllung des Raumprogramms in dem kurzen Zeitraum hingewiesen, ebenso auf die komplizierte städtebauliche Situation mit der bestehenden Tonhalle, wobei nicht vergessen

5

5 **Stützen und Deckenelemente**

6 **Werner Max Moser, Max Ernst Haefeli, Rudolf Steiger, um 1939** (von links nach rechts)

6

werden darf, dass HMS zu einem guten Teil den Zuschlag erhielten, weil ihr Projekt die nahezu komplette Erhaltung der Tonhalle vorsah und damit die preiswertere Variante darstellte.

Es geht in der Kritik in erster Linie um die zeitgemässe Form der modernen Architektur. Zürich verlangt einen «neutralen Ort», wie es Giedion formulierte, «wo man sich ohne Verpflichtungen gegen Organisationen irgendwelcher Art treffen konnte», und damit ist der Bezug zur politischen Situation der Architektur bereits angedeutet, die in jener Zeit ihre Neutralität weitgehend verloren hatte. Gleichzeitig bemerkte auch Giedion, dass die Moderne von ihrem starren Kanon abgerückt sei und reine Formen sowie auch Formen der Repräsentation wieder zulasse.

«Die Architektur hat die schwankende Haltung verloren und ist von innen heraus gesundet, da der Architekt es nicht verschmähte, ausser dem eigenen Fach auch die biologischen und soziologischen Voraussetzungen, unter denen wir stehen, zu beherrschen. Dieses Niveau ist erreicht. Im gleichen Augenblick stecken wir den Pflock weiter. Der Architekt darf nunmehr ruhig auch das Stück Maler oder Bildhauer, das in ihm lebt, zum Klingen bringen. Er muss wieder innerlich Zugang zum Maler und Bildhauer finden, die sich in einer der Architektur homogenen Sprache ausdrücken. Wir kennen genau die Schwierigkeit und Zweischneidigkeit des Problems. Trotzdem muss Zusammenwirkung wieder versucht werden, denn über das letzte Durchdringen der Architektur entscheidet die Anmut.» Insgesamt aber war das Kongresshaus für Giedion «zugleich bescheiden und innerlich stark. Nach uns Kommende werden erkennen, dass es erfreulich ‹schweizerisch› ist.»[4]

Das war auch das Thema von Peter Meyer, der die Qualität des Kongresshauses zwar durchweg lobte, aber gleichzeitig die Frage des Nebeneinanders von «monumentaler Architektur» wie der der Tonhalle und «nicht monumentaler Architektur» thematisierte. Während der modernistische Purist Sigfried Giedion an jenen Leitbildern eindeutig festhält, ist Peter Meyers Position vor dem Hintergrund aufziehender Monumentalarchitektur nach faschistischem Vorbild zu sehen, wie sie sich beinahe zeitgleich auf der Weltausstellung in Paris 1937 präsentiert hatte. Anhand des Kongresshauses greift er eine Debatte über Monumentalität wieder auf, wie sie bereits seit der Jahrhundertwende immer wieder geführt worden war. In seiner ersten Stellungnahme von 1937 stellt Meyer zunächst fest, dass es ein gesellschaftliches Bedürfnis nach Monumentalität gebe und dieses danach verlange, an Bauten von hoher gesellschaftlicher Bedeutung, wie etwa dem Kongresshaus, zum Ausdruck gebracht zu werden. Und gerade dazu sei die Moderne nach Meyer grundsätzlich nicht in der Lage, was das Projekt Haefeli, Moser und Steiger ganz deutlich zeige. Denn Monumentalität lasse sich nur in der Auseinandersetzung mit den klassischen Formen erzielen, weil sie Träger der monumentalen Tradition und damit einer der wichtigen Linien der kulturellen Kontinuität Europas sind. Er fordert daher die Moderne auf, «eine organische, moderne Monumentalität zu entwickeln, die den gesellschaftlichen Bedürfnissen Rechnung trage.»[5]

Erste Ansätze solch einer Entwicklung sieht Peter Meyer in dem Wettbewerbsprojekt des damaligen zweiten Preises von Kellermüller und Hoffmann viel besser verwirklicht, wenngleich er einräumt, dass es «soweit historisierend zu sein (scheint), als es ungelöst ist». Dennoch glaubte er an die Zukunft einer modernen Monumentalität, da die klassischen Formen «...gerade wegen ihrer abstrakten Allgemeinheit fähig sind, zum Ausdruck einer modernen Monumentalität zu werden.»

1939 relativierte Peter Meyer seinen Standpunkt, indem er der vorhandenen Tonhalle einen neuen Stellenwert beimass. Sie übernimmt jetzt als «Kern alter Monumentalarchitektur» die «Aufgabe der monumentalen Wirkung» und trägt so zur

«Entlastung des geistigen Programms» des Kongresshauses bei. So kommt er nun zu dem Ergebnis: «Das Züricher Kongresshaus atmet in allen Teilen den gleichen Geist, der die Landesausstellung auszeichnete: eine frische, wagemutige, aber keinesfalls aufdringliche oder freche Modernität, organisch verbunden mit echter Pietät vor guten alten Leistungen und mit einem starken Gefühl für die landschaftliche Situation.»[6]

Damit bewegt sich die Kritik Peter Meyers also auf zwei Ebenen: Einerseits betrachtet Meyer das Kongresshaus als modernen Bau, und als solcher besitzt er für ihn eine hohe Qualität, markiert der Bau doch eine Weiterentwicklung innerhalb der Moderne, in der «Selbstverständlichkeit» und «Menschlichkeit», wie er es nennt, an Einfluss gewinnen und die «unmenschlich-abstrakten Züge des Technischen nicht auch noch ästhetisch unterstrichen werden». Aus dieser Forderung nach einer Architektur der Erinnerung folgt zwar keine grundsätzliche Ablehnung der modernen Architektur, aber die Bedeutung der Moderne ist auf die Lösung nicht monumentaler, d. h. profaner Bauaufgaben, und auf die Transformation klassischer Formen in eine zeitgemässe Gestalt beschränkt.

Mit der Auffassung von jener festlichen Repräsentation, wie sie durch die Architektur von Haefeli, Moser und Steiger explizit wird, tut sich Peter Meyer schwer. Er favorisiert vielmehr eine Form der klassischen Abstraktion, wie sie im Sinne von Perret in der Universität Fribourg von Honnegger und Dumas 1936 umgesetzt worden war. Schliesslich revidierte Meyer seine Meinung, nachdem die ersten faschistischen und stalinistischen Ergebnisse des Neoklassizismus vorlagen, und schrieb 1939 abschliessend: «So erscheint nun das Ergebnis nicht allein als eine Frucht der persönlichen Begabung der beteiligten Architekten, sondern als Beispiel einer von einer ganzen Schicht von Vertretern getragenen schweizerischen Architektur, auf die wir stolz sein dürfen, weil sie in der vordersten Front jener Bemühungen steht, die die besten Architekten der ganzen Welt daran wenden, eine moderne Profanarchitektur zu entwickeln und zugleich eine neue Monumentalarchitektur davon abzugrenzen.»[7]

Trotz dieser positiven Bilanz sieht Peter Meyer vor dem Hintergrund der Zeit die Problematik der Architektur des Kongresshauses darin, dass ihre moderne Formensprache nicht ihrer gesellschaftlichen Bedeutung entspreche. Hierin zeigt sich letztlich die kulturpessimistische Haltung Peter Meyers der Moderne gegenüber, wenn er 1943 feststellte, dass «der Glaube an die kulturschöpferischen Möglichkeiten des Materialismus überhaupt durch die Entwicklung widerlegt [ist]». Als einzige Möglichkeit, im «technischen Zeitalter, das durch Nihilismus, Vermassung und Kulturzerfall» geprägt ist, gesellschaftlichen Ausdruck zu formulieren, bleiben also die klassischen Formen, die jenseits der Realität «eine bestimmte Lebenshaltung [markieren], an die erinnert sein will».[8]

Bedeutung des alten Kongresshauses

Es scheint also dringend notwendig, daran zu erinnern, dass auch das in die Jahre gekommene Kongresshaus einst Spitzenarchitektur war, auch wenn Peter Zumthor, der Jurypräsident im Wettbewerb um das neue Kongresszentrum, meint, «das bestehende Kongresshaus setze keinen Akzent, es werde schlicht übersehen».[9] Gerne würden wir Peter Zumthor, der auch schon dem Rekurse und Widerspruch hervorrufenden Anbau an das Landesmuseum zum ersten Preis verhalf, die Augen öffnen und ihn von der Einmaligkeit eines der wichtigsten Bauten der Moderne in der Schweiz überzeugen – eines Stücks Architektur, das ebenso unter Schutz gestellt wurde wie Zumthors Therme in Vals...

Bei dem Kongresshaus handelt es sich um einen architektonisch äusserst wertvollen und auch einmaligen Bau in Zürich. 1936 entworfen, war er nicht nur der Hauptbau der Landesausstellung von 1939, mit seiner spätmodernistischen Prägung formuliert er das Neue Bauen weiter und ist so, nicht zuletzt auf Grund seiner historischen Situation zu Beginn des Zweiten Weltkrieges, zu einem avantgardistischen Gebäude geworden, das viele Momente der späteren Fünfzigerjahre-Architektur bereits vorwegnimmt. Das gilt auch für die indifferente städtebauliche Situation des Kongresshauses, die immer wieder gerne von Abrissbefürwortern vorgebracht wird. Zeittypisch ist der Bau kein Bekenntnis zum historischen Stadtgrundriss, er fügt sich gerade nicht in die weitgehend geschlossene Seefront ein, sondern stellt den räumlichen Bezug zu See, Seeuferpark und Bürkliplatz her. Es war eben nicht nur ein Kongresshaus, sondern es lud mit seiner auf den See orientierten Terrasse die spazierenden Bürger zum Verweilen ein. Eine offene Freizeitarchitektur mitten in der Stadt, geprägt vom Leitbild einer landschaftlichen Bauweise und der Licht-Luft-Sonne-Ideologie, wie sie Werner Moser schon in seinen Schulbauentwürfen und im Allenmoos-Bad umzusetzen versuchte und welche die aussenräumlich und formal stark die in jener Hinsicht prägende Architektursprache Alvar Aaltos aufnimmt. Über vierzig Jahre hat das Kongresshaus gut funktioniert und wird bis heute überaus profitabel geführt. Es bringt aber nicht so viel ein, dass eine nach so langer Zeit anfallende Sanierung finanziert werden könnte. Die Aussagekraft der Architektur hat sicherlich durch den unseligen Umbau in den Achtzigerjahren gelitten, für den heute niemand mehr die Autorenschaft übernehmen will. Aber ein Rückbau ist durchaus möglich.

[1] *Investoren- und Betreiberausschreibung Neues Kongresszentrum*, Stadt Zürich, vertreten durch die Fachstelle für Stadtentwicklung der Stadt Zürich, 26. August 2003, S. 12.
[2] Ebd., Beilage 3.
[3] Ebd., S. 4.
[4] Sigfried Giedion, «Zürich und das neue Kongressgebäude», in: *Weltwoche*, 22.1.1937.
[5] Peter Meyer, «Der Wettbewerb für das Tonhallen- und Kongressgebäude», in: *Das Werk*, 3, 1937, S. 65f.
[6] Peter Meyer, «Tonhalle und Kongresshaus Zürich», in: *Das Werk*, 12, 1939, S. 359.
[7] Ebd.
[8] Peter Meyer, «Das Kongresshaus Zürich als Beispiel moderner Architektur», in: *Schweizerische Bauzeitung*, 26, 1943, S. 311–313.
[9] Zitiert nach: «Was für ein Kongresszentrum für Zürich?», in: *Neue Zürcher Zeitung*, 7./8. Mai 2005.

A LA RECHERCHE
DE LA VILLE DE LA SIHL

A propos du développement urbain à Zurich-Sud Actuellement, ce ne sont pas moins de trois grandes friches industrielles qui se transforment en nouveaux secteurs de la ville à Zurich-Sud. Chaque pôle de développement, pris pour lui-même, ne forme en définitive qu'une île reliée très rudimentairement à la structure urbaine avoisinante.

Texte: Benjamin Muschg

Avant même d'atteindre la zone d'urbanisation, la personne qui se laisse dériver le long de la Sihl en direction de la ville tombe sur quelque chose qui, à en croire l'affirmation souvent répétée, n'existe pas à Zurich: le grand art de bâtir. Une énorme sculpture de béton brut, monumentale, dynamique et élégante, enjambe de la vallée de la Sihl à hauteur de la Höhe Manegg. Il s'agit de l'échangeur qui, dès 2008, reliera l'autoroute Zurich-Coire au tunnel de l'Uetliberg et à l'autoroute de contournement Ouest, un ouvrage impressionnant qui constitue de fait le portail Sud de la ville de Zurich. Cet ouvrage d'ingénierie n'est peut-être que le dernier acte de violence en date à l'encontre de l'espace urbain de la Sihl, mais c'est un indice incontournable du problème majeur que constitue le flot de véhicules qui se déverse journellement dans la vallée pour aboutir en ville.

La ville débute à la hauteur du pont de la Brunau, là où l'autoroute, la Sihltableau et la rivière se rencontrent. C'est aussi à cet endroit que commence le chemin de croix de la Sihl, qui disparaît jusqu'au Sihlhölzli sur un kilomètre et demi sous la voie expresse aérienne. Bien que tout le monde – à l'exception des chauve-souris qui y logent – maudisse ce tronçon d'autoroute, celui-ci vient d'être restauré afin de servir provisoirement, pour une durée de 25 ans. Son extrémité lâche, située entre des rampes d'accès à proximité du Sihlhölzli, continue ainsi à témoigner de la volonté des années 60 à faire se rejoindre les autoroutes du Sud, de l'Ouest et du Nord en un échangeur aérien au-dessus du Platzspitz. Les opposants au projet ont, par chance pour la Sihl et pour la ville, réussi à détourner de leurs intentions les planificateurs routiers et à les amener à la solution de l'autoroute de contournement.

Cette dernière, qui entoure les trois-quarts du périmètre de la ville, est sensée en ce qui concerne la position géographique de la ville, mais elle n'est pas digne d'une métropole. C'est la raison pour laquelle elle continue à faire l'objet d'évaluations en vue de son achèvement. Un tunnel sous le lac aurait été la solution idéale en plan et il aurait, de plus, raccourci le trajet des 4×4 entre la zone basse de la «Goldküste», la rive droite, et St.-Moritz. Le projet, devisé à 4 milliards de francs, est resté sans suite en raison de l'avarice propre à la ville réformée par Zwingli. La jonction en forme de Y est ainsi d'autant plus actuelle.

Au printemps dernier, la Confédération, le Canton et la Ville ont présenté leur étude de projet, consistant à achever l'anneau d'autoroutes en utilisant la part souterraine préexistante construite sous la gare, qui permettrait également de desservir le centre-ville, et dont le prix avoisinerait – à en croire les Autorités – un montant inférieur de moitié à celui du tunnel sous le lac. La voie expresse aérienne pourrait ainsi enfin être démolie. La vision promet l'image d'une zone fluviale urbaine extrêmement attractive, avec des localisations de premier rang pour l'habitat et le commerce, le long d'îlots de verdure, où même la Sihl devient bleue de contentement. Un tel tunnel urbain entraînera incontestablement un trafic supplémentaire qu'il s'agira de pondérer par des mesures encore inconnues à ce jour. La démolition de la voie aérienne de la Sihl, sans construction préalable du tunnel urbain, n'est en ce moment pas à l'ordre du jour de l'agenda politique. La condition préalable serait une diminution du trafic motorisé en ville et non une projection en constante augmentation de celui-ci. Celui qui est à la recherche de la ville de la Sihl est immanquablement confronté à sa politique des transports.

Sihlcity, Talwiesen et Hurlimann

Plus en aval se trouve le chantier où est en train de s'ériger la Ville de la Sihl, ou plus précisément Sihlcity, qui consiste dans le remaniement de l'ancienne fabrique de papier de la Sihl en un centre moderne du secteur tertiaire et des loisirs, d'une surface de 100 000 m², grâce à des fonds immobiliers du Crédit Suisse pour un montant de 620 millions. Le projet de Théo Hotz, qui devrait être achevé en 2007, prévoit, le long du fleuve et autour de la cheminée en brique apparente, un ensemble de 5 étages composé d'architecture industrielle et de nouveaux bâtiments très vitrés. Cette «nouvelle partie de ville» vivra avant tout durant les heures de bureau. Après la dernière séance de cinéma, il sera plus probable de rencontrer le gardien de l'entreprise Securitas que l'un des habitants des 16 appartements de luxe intégrés au projet. De plus, il s'avère que le projet est isolé de son contexte au niveau des liaisons piétonnes. Il est certain que la démolition de la liaison aérienne de la Sihl contribuerait à augmenter de façon marquante l'attractivité de Sihlcity. Elle n'en resterait pas moins un implant mal intégré sur le plan urbain.

La zone avoisinante sur la rive gauche de la Sihl, entre Allmend et Heuried, se transforme rapidement en zone d'habitation. Après l'abandon des anciennes briqueteries, elle a été rapidement colonisée à partir des années 70 par des dépôts et des constructions pour l'artisanat, ainsi que par la construction de grands centres de distribution. Les nouvelles constructions les plus importantes sont constituées par le lotissement urbain Talwiesen, soit 360 appartements répartis sur huit immeubles sous la forme de quatre rangées étirées. Ce lotissement des architectes Leuppi & Schafroth, dévolu au seul habitat, n'à, malgré sa dénomination, pas un caractère urbain, mais suburbain. Le maître de l'ouvrage, l'UBS et la Caisse de pension des employés cantonaux, table de manière conséquente et en fonction de l'analyse du marché, non pas sur la mixité mais sur du logement de haut niveau. Malgré sa perméabilité, ce lotissement urbain n'en reste pas moins une île au même titre que Sihlcity.

A la hauteur de Sihlhölzli, la voie de circulation aérienne fait enfin place à des rampes d'accès et libère la vue sur la prochaine ancienne cheminée industrielle qui annonce le nouveau quartier suivant. Le périmètre de l'ancienne brasserie Hürlimann abrite des lofts et d'autres appartements en PPE pour gens bien situés, une résidence pour personnes âgées, un immeuble commercial, des commerces et des bureaux. Les bains thermaux Aquipark ouvriront leurs portes en 2008. Contrairement à Sihlcity, ce «City-Sud» est un quartier mixte, malgré sa composante quelque peu élitaire. Dans ce cas, la désindustrialisation s'est effectuée au détriment de l'évolution urbaine. Personne ne pensait que la brasserie allait cesser toute activité lorsque les voies du train de l'Uetliberg furent déplacées dans le cadre de la construction de la nouvelle Bourse et du lotissement de Selnau. Ces voies scindent en deux le nouveau quartier qui n'est atteignable par les transports publics que depuis Enge et elles l'isolent intégralement de l'espace de la Sihl. La chance de relier efficacement les quartiers de Wiedikon et Enge par-dessus la Sihl et au travers du périmètre de l'ancienne brasserie a été galvaudée.

La Sihl atteint la zone du centre-ville à la hauteur du pont du Sihlhölzli. Ce n'est que là, finalement, que naît l'impression de la ville en bordure de la Sihl. Le champ de vue s'étend jusqu'au pont de la Poste depuis que le parking qui recouvrait la rivière a été démoli. La Sihl disparaît ensuite sous la gare principale. Depuis peu, la ville de la Sihl possède même une petite Riviera le long de la Gessnerallee, où quelques marches permettent de s'approcher du courant délaissé. Passé la gare, le cours d'eau subit sa dernière humiliation: après avoir été détourné, canalisé et recouvert au passage de la ville, il perd son nom après les 73 kilomètres qui l'ont mené du Drusberg au Platzspitz, au profit de la Limmat qui, à cet endroit n'a pas plus de 2000 mètres de long.

MIMÉTISME GÉOLOGIQUE

Artengo Menis Pastrana : Palacio de Congresos Teneriffa-Sur, 2005 Le nouveau Palais des Congrès de Ténériffe, situé entre l'architecture touristique passe-partout de l'allée des vacanciers et l'arrière-pays desséché à caractère volcanique, incarne de manière souveraine les différences du lieu.

Texte : Ilka et Andreas Ruby

Ténériffe est un village fantôme à l'échelle d'une île. Vu du charter qui amorce la descente en direction de l'aéroport de Ténériffe Sud dans la lumière du soleil levant, la côte Sud du paradis de vacances des Canaries se présente sur plusieurs kilomètres comme un paysage urbain constitué de trois bandes parallèles : une plage uniformément claire, comprenant une promenade bétonnée bordée de commerces et de restaurants, derrière laquelle un fourmillement dense composé d'hôtels et d'appartements de vacances s'étage sur les flancs de l'île. Ce qui se trouve à l'arrière-plan est tout simplement un paysage fantastique de cratères qui culmine à 3 718 mètres au sommet du volcan Teide. La lave incandescente et les cendres qui, par le passé, ont été éjectées de sa bouche, recouvrent les collines et les vallées d'un tapis sous forme solide, bizarre, figé de miettes géantes qui, de loin, font penser à de la terre labourée fumante et qui, de près, se révèlent être des pierres aussi sèches que des os, sur lesquelles on se déplace avec peine. Entre celles-ci, une végétation de cactées et de buissons mène un combat pour la survie. Ces deux mondes forgent profondément l'identité de Ténériffe. Ils coexistent pourtant chacun pour soi, sans lien, tels les moitiés d'un moi schizophrène.

Détachement construit

Cette scission psycho-géographique du lieu correspond au thème narratif du Palais des Congrès de Ténériffe Sud, qui vient d'être achevé après neuf ans de planification, de construction et de temps d'attente, sur la Plage des Amériques, le long de la Costa Adeje, l'épicentre des activités touristiques de Ténériffe. De par sa situation, entre la langue de terre des vacanciers, séparé de fait de l'arrière-pays par l'autoroute, le bâtiment rend physiquement manifeste ce détachement pour le vaincre symboliquement. Le projet est l'œuvre du bureau Artengo Menis Pastrena, qui jouit d'une renommée interna-

tionale et est établi dans la capitale de l'île. Par une sorte de mimétisme géologique, le bâtiment fait ressentir la genèse volcanique de l'île sous forme de métaphore. Ainsi, la forme molle du toit semble imiter le lourd écoulement de la lave liquide, alors que les blocs en façade sur lesquels repose le toit, pareils à des rochers, évoquent plutôt son état définitif figé. Partout où cela est possible, les architectes ont utilisé des matériaux indigènes, qui ont influencé la palette des couleurs sur le bâtiment. C'est ainsi qu'ils ont par exemple mélangé des adjuvants volcaniques au béton des murs et des dalles, tout comme ils ont mis en œuvre de fines couches de cendre volcanique brun-rouge à titre de panneaux acoustiques « collés » aux plafonds de béton. Ces derniers présentent des caractéristiques identiques à celles des panneaux conventionnels, mais à meilleur prix.

Paradoxalement, ce concentré d'éléments spécifiques au lieu apparaît comme un corps étranger au milieu de la texture touristique de la Plage des Amériques – normée selon les règles issues de la globalisation. Cet exotisme s'exprime aussi au travers du programme des manifestations. Au vu de celui-ci, le Palais des Congrès ne devrait pas servir exclusivement son but premier, mais également être utilisé pour des manifestations culturelles telles que des expositions, des concerts, des représentations théâtrales et cinématographiques, ce qui augmentera notoirement l'offre culturelle actuelle, plutôt restreinte dans cette partie de l'île.

Ceci n'était pas prévu au départ. Initialement, c'est un centre de congrès tout à fait conventionnel qui devait voir le jour. La construction de tels centres dans les lieux touristiques obéit à une stratégie commune à toute l'Espagne (laquelle tire 12 % de ses revenus du tourisme), stratégie qui consiste à mieux utiliser les infrastructures touristiques en dehors des périodes de vacances, à intéresser de nouveaux publics-cibles et à profiter des liaisons aériennes à bas prix existantes. Bien que situés côte à côte, ces centres et les plages de vacances existent tels des mondes clos, sans échanges qui mériteraient d'être nommés.

Programme et pragmatisme

Fernando Menis, qui a dirigé le chantier et qui possède entretemps son propre bureau – Menis Arquitectos – raconte qu'il s'agit d'une exception à la règle. Au contact des personnes de l'île engagées culturellement, il a recherché des solutions qui permettent de considérer le Palais des Congrès comme une institution locale, capable de fournir des impulsions de valeur pour la culture indigène. Victor Pablo Perez, le directeur de l'Orchestre symphonique de Ténériffe, s'est montré intéressé à utiliser le centre pour des concerts, afin d'avoir un deuxième lieu d'exécution à côté du lieu principal qu'est l'Auditorio de Ténériffe, construit en 2003 par Santiago Calatrava à Santa Cruz de Ténériffe. Une salle de conférences ne se transforme cependant pas sans autres en salle de concerts, compte tenu des temps de résonance différents. Menis a développé une architecture aux caractéristiques acoustiques variables. L'acoustique des lieux peut être modifiée tant pour la parole (temps de résonance d'environ une seconde), que pour les prestations musicales (1,8 à 2 secondes), grâce à des éléments constructifs modifiables.

Mis à part les congrès et les concerts, le centre doit aussi être utilisable pour des manifestations moins importantes. Menis a répondu à cette demande en prévoyant une utilisation flexible des grands espaces, subdivisables au moyen de cloisons amovibles phoniques, de sorte que les différents locaux peuvent effectivement être utilisés simultanément. Lorsque les cloisons ne sont pas utilisées, elles trouvent place dans les blocs de béton aux allures de rochers qui supportent aussi la toiture.

Le bâtiment satisfait au paradoxe d'une architecture au langage spécifique, spatialement flexible – des extrêmes qui jusqu'à présent semblaient s'exclure. C'est par un pragmatisme déroutant que Menis réussit à combiner les deux systèmes. Ainsi, le maillage des cloisons mobiles s'étend de manière plutôt nonchalante au travers des espaces évidés, et il coupe au scalpel les plafonds aux formes légèrement bombées. La géométrie sculpturale de l'espace est non moins dictée par des considérations pragmatiques. Sa forme souligne la propagation optimale des ondes sonores. Les cavités des parois de béton ont, elles aussi, une fonction acoustique essentielle.

Pas d'effet «Bilbao»

Menis se situe sans conteste en marge: il se déplace entre les fronts actuels de l'architecture, ce qui le rend facilement victime de confusions. En raison des formes fuyantes de la 5ème façade et de son exécution en écailles, des rapprochements pourraient se faire avec l'architecture de Frank O. Gehry. Les différences sont cependant plus importantes que toutes les similitudes, ce que le visiteur ressent au plus tard au moment où il entre dans le bâtiment: alors que, bien souvent, Gehry ne propage son architecture spectaculaire qu'en façade pour ensuite abriter le programme dans des locaux banals, Menis traite l'intérieur et l'extérieur dans la continuité de la perception. Les matériaux qui ont été utilisés sur l'extérieur trouvent également une application intérieure – les plaques en fibro-ciment de la toiture ainsi que le béton des «rochers» de la structure. Il en va de même pour l'effet spatial où l'intérieur et l'extérieur sont judicieusement imbriqués. La face vitrée du hall d'entrée est placée de manière que le regard se porte directement sur le bleu du ciel et non sur les hôtels quelconques situés entre le Centre et la mer.

Rien ne laisse supposer que le Palais des Congrès va gratifier Ténériffe de cet apport fabuleux de culture de cellules fraîches en matière urbaine, tel qu'il a pu être constaté à Bilbao avec le Musée Guggenheim de Gehry. Avec sa collection d'art intégralement importée et sa prestance scintillante, ce dernier incarne à tout point de vue l'antithèse de ce qui caractérisait jusqu'alors la ville industrielle basque. C'est pour cette raison qu'il a colonisé de manière aussi globale l'identité et l'image de la ville. Le bâtiment de Menis travaille par contre avec l'identité concrète de Ténériffe. Il ne veut pas l'usurper mais la transformer. Il désire noyauter avec un vernis de spécificité locale ce qu'il serait convenu d'appeler avec Rem Kolhaas sa «generic identity». Le succès de l'entreprise dépendra essentiellement de la manière dont les intendants des lieux mettront en pratique l'élargissement proposé par l'architecte des activités de l'institution en tant que Centre de la culture et des congrès.

Geologische Mimesis

Teneriffa ist ein potemkinsches Dorf im Massstab einer Insel. Vom Charterflugzeug aus gesehen, das im Licht der Morgensonne dem Flughafen Teneriffa-Sur entgegen sinkt, präsentiert sich die südliche Küste des kanarischen Ferienparadieses als eine kilometerlange Stadtlandschaft aus drei parallelen Streifen: ein makellos heller Strand, gesäumt von einer mit Restaurants und Geschäften gespickten Strandpromenade aus Beton, hinter der sich ein dichtes Gewimmel aus Hotels und Ferienapartments die ansteigende Inseltopografie empor staffelt.

Was dahinter kommt, ist jener Teil der Insel, den die eingeflogenen Teilzeitbewohner vom Festland in der Regel nicht sehen: eine schlichtweg fantastische Kraterlandschaft mit dem 3718 Meter hohen Vulkan Teide als Gipfel. Die heisse Lava und Asche, die einst aus seinem Schlund in den Himmel geschleudert wurden, überziehen in erstarrtem Zustand die Hügel und Täler mit einem bizarren Teppich aus rotbraunen Riesenkrümeln, die von weitem wie frisch gepflügte, dampfend feuchte Ackererde anmuten, sich aber beim Herantreten als knochentrockene Steine erweisen, auf denen man schlecht laufen kann. Zwischen ihnen kämpft eine hart gesottene Vegetation aus Kakteen und Sträuchern ums Überleben. Es ist eine Ehrfurcht einflössende Szenerie, die William Burke vielleicht

ARTENGO MENIS PASTRANA: PALACIO DE CONGRESOS TENERIFFA-SUR, 1998–2005

Das neue Kongresszentrum von Teneriffa, zwischen der touristischer Allerweltsarchitektur des Holiday-Strip und dem spröden vulkanischen Hinterland gelegen, verkörpert souverän die Gegensätze des Orts. In Form und Material vom vulkanischen Ursprung der Insel inspiriert, bietet das Gebäude flexible Räume für vielfältige Nutzungen.

erhaben genannt hätte; eine durch und durch natürliche Landschaft, die aber so ausserirdisch wirkt, dass uns wahrscheinlich auch die plötzliche Erscheinung einer *Star-Trek*-Klonkrieger-Armee plausibel erscheinen würde. Diese aus den Tiefen der Erde ausgespiene Mondlandschaft, die archaisch, menschenleer und fast gespenstisch lautlos ist, erscheint als das komplette Gegenteil der schreienden Strandbandstadt am Meer mit ihrer Überpopulation aus Sub- und Objekten. Diese beiden Welten prägen die Identität Teneriffas bis ins Mark; nichtsdestotrotz existieren sie so unverbunden nebeneinander wie die Hälften eines schizophrenen Ichs.

Gebaute Entfremdung

Diese psychogeografische Entzweiung des Orts ist das erzählerische Thema des Palacio de Congresos Teneriffa-Sur, das jetzt nach neun Jahren Planungs-, Bau- und Wartezeit an der Playa de las Américas an der Costa Adeje, Teneriffas Epizentrum touristischer Aktivität, fertig gestellt wurde. Mit seiner Lage zwischen dem Holiday-Strip an der Südküste und dem vulkanischen Binnenland, von dem es durch die Küstenautobahn effektiv abgeschnitten ist, macht das Gebäude diese Entfremdung physisch manifest, um sie symbolisch zu überwinden. In einer Art geologischer Mimesis empfindet der Entwurf des lokalen, aber interna-

tional renommierten Architekturbüros Artengo Menis Pastrana aus Santa Cruz de Teneriffe, der Hauptstadt der Insel, die vulkanische Entstehung der Insel metaphorisch nach. So scheint das weich geformte Dach das schwere Fliessen flüssiger Lava nachzuahmen, während die felsgleichen Wandblöcke, auf denen es ruht, eher ihren erstarrten Endzustand evozieren. Wo immer möglich, verwendeten die Architekten lokale Baumaterialien, was das Inselkolorit auf den Bau abfärben lässt – zum Beispiel durch vulkanische Zuschlagstoffe, die dem Beton der Wände und Fussböden beigemischt sind, oder durch dünne Schichten der erwähnten rotbraunen vulkanischen Asche, die an Stelle konventioneller Akustikplatten an den Betondecken der Räume «klebt», ähnlich schallschluckend wie jene, aber auf Grund der örtlichen Verfügbarkeit auch erheblich günstiger.

Inmitten der global genormten Tourismustextur der Playa de los Américas wirkt diese geballte Ortsspezifik paradoxerweise wie ein Fremdkörper. Diese Fremdheit setzt sich auch im Programm fort. Nach jetzigen Planungen soll das Kongresszentrum nicht nur für Kongresse, sondern auch für kulturelle Veranstaltungen wie Ausstellungen, Konzerte, Theater- und Kinoaufführungen genutzt werden, was das in diesem Teil der Insel bisher eher überschaubare Freizeitangebot erheblich erweitern würde.

Von Anfang an geplant war das so nicht. Ursprünglich sollte ein ganz normales Kongresszentrum entstehen. Der Bau von Kongresszentren an touristischen Orten ist eine gängige Strategie in Spanien – das zwölf Prozent seines Bruttosozialproduktes aus dem Tourismus bezieht –, um die touristischen Infrastrukturen ausserhalb der Feriensaison besser auszunutzen, neue Zielgruppen anzusprechen und dabei von den existierenden günstigen Flugverbindungen zu profitieren. Diese Kongresszentren ziehen ein globales Publikum von Wissenstouristen an, die von dem konkreten Ort, an den sie eingeflogen werden, in der Regel

noch weniger mitbekommen als ihre Artgenossen vom Strand: Im Gegensatz zu diesen halten sie sich schliesslich die meiste Zeit in geschlossenen Räumen auf. Obwohl räumlich benachbart, existieren Kongresszentren und Ferienstrände in der Regel als abgeschlossene Parallelwelten ohne nennenswerten Austausch untereinander.

Programm und Pragmatik

Beim neuen Kongresszentrum Teneriffa-Sur wollte man deshalb einmal die Ausnahme von der Regel statuieren, erzählt Fernando Menis, der die Fertigstellung des Projekts weitestgehend geleitet hat und mittlerweile sein eigenes Architekturbüro Menis Arquitectos führt. In Gesprächen mit Kulturschaffenden der Insel suchte er nach Möglichkeiten, das Kongresszentrum auch als eine lokale Institution zu begreifen, von der wertvolle Impulse für die Kultur des Ortes ausgehen könnten. Victor Pablo Perez, der Direktor des Orquesta Sínfonica de Tenerife, meldete Interesse an, das Kongresszentrum für Konzerte zu nutzen, um neben seinem Stammhaus, dem Auditorio de Teneriffe, das 2003 von Santiago Calatrava in Santa Cruz de Teneriffe gebaut wurde, noch einen zweiten Aufführungsort auf der Insel bespielen zu können.

Doch lässt sich eine Kongresshalle normalerweise nicht ohne weiteres in ein Konzerthaus um-

wandeln, weil die beiden Nutzungen unterschiedliche Nachhallzeiten haben. Menis entwickelte darauf eine Architektur mit variablen akustischen Eigenschaften. Durch veränderbare Raumteile kann die Akustik jetzt sowohl für das gesprochene Wort (Nachhallzeit ca. 1 Sekunde) als auch für musikalischen Klang (Nachhallzeit 1,8 bis 2 Sekunden) angepasst werden.

Neben grossen Konferenzen und Konzerten sollte das Kongresszentrum jedoch gleichzeitig auch für kleinere Veranstaltungen nutzbar sein. Menis erfüllte diese Anforderung durch eine flexible architektonische Organisation der Grossräume, die mit verschiebbaren Wandelementen in kleinere Einheiten unterteilt werden können. Diese Wandelemente können schalldicht miteinander fixiert werden, so dass man die Räume tatsächlich unabhängig voneinander nutzen kann. Wenn man die Trennwände nicht braucht, werden sie in jene felsengleichen Blöcke aus Beton geschoben, die auch das Dach tragen.

Letztlich erfüllt das Gebäude das Paradox einer formal spezifischen Architektur, die dennoch räumlich flexibel ist – Extreme, die sich bisher auszuschliessen schienen. Die Kombination beider Systeme gelingt Menis durch eine entwaffnende Pragmatik. So ist das Raster der flexiblen Wandteilungen ziemlich nonchalant durch die plastisch

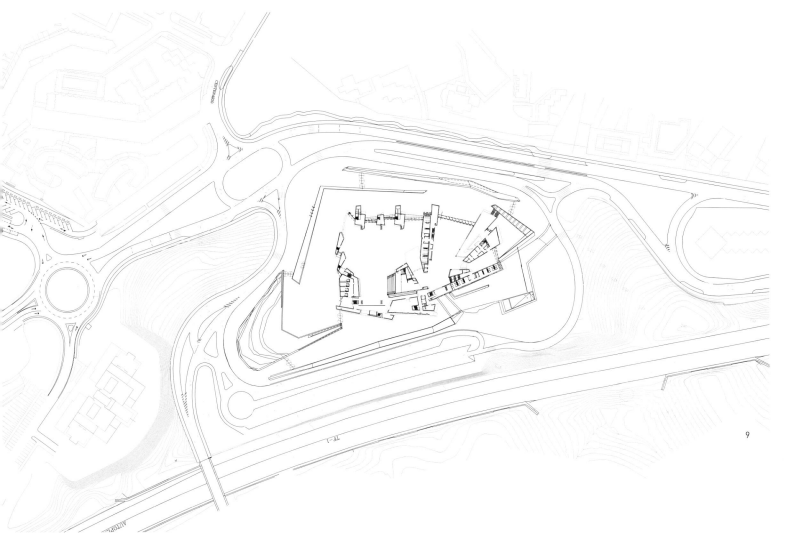

9

3–8 **Spezifische Form,
flexible Nutzung: Die
Betonblöcke mit vulkani-
schen Zuschlagstoffen
evozieren die erstarrten
Lavabrocken der Insel,
haben aber auch eine
statische Funktion und
dienen zudem als Stau-
raum für bewegliche
Trennwände. Die vulkani-
sche Asche an den Decken
fungiert als akustisches
Element**

9 **Situation und Grundriss
Erdgeschoss**

7

8

10 **Längs- und Quer-
schnitte, Süd- und Ostfas-
sade (von oben nach unten)**

11 **Innenansicht**
(Foto: Carlos Lapresta)

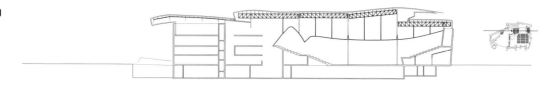

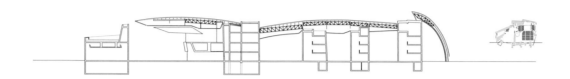

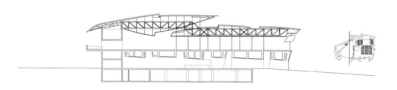

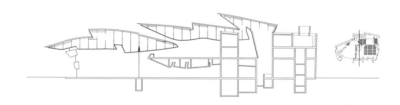

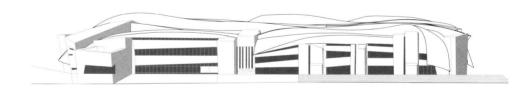

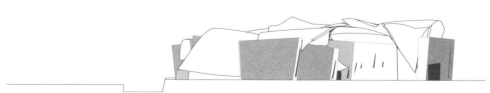

10

ausgehöhlten Innenräume durchgetrieben und zieht sich wie mit dem Skalpell geschnitten durch die weich geschwungenen Raumdecken. Doch ist auch die skulpturale Geometrie des Raumes selbst nicht minder pragmatisch bedingt. Ihre Form unterstützt den optimalen Transport der Schallwellen durch den Raum, und auch die reliefartigen Vertiefungen in den Betonwänden haben eine essentiell akustische Funktion.

Kein Bilbao-Effekt

Menis ist zweifelsohne ein Grenzgänger. Er bewegt sich zwischen den gegenwärtigen Fronten der Architektur, was ihn leicht zum Opfer von Verwechslungen macht. So könnte man auf Grund der fliessenden Formen der Dachfassade und ihrer schuppenartigen Zusammensetzung aus einzelnen Elementen Ähnlichkeiten mit der Architektur Frank O. Gehrys vermuten. Die Unterschiede sind jedoch grösser als alle Gemeinsamkeiten, wie man spätestens beim Betreten des Gebäudes feststellen wird.

Während Gehry seine spektakuläre Architektur häufig nur an der Fassade abfeuert, um dann das Funktionsprogramm im Inneren in oft banalen Räumen unterzubringen, behandelt Menis das Aussen und Innen der Architektur als eine Erfahrungskontinuität. Dieselben Materialien, die aussen ange-

wandt werden, kommen auch im Inneren zum Einsatz – die Faserzementplatten des Dachkörpers und der «Felsen-Beton» der tragenden Struktur. Auch von der Raumwirkung sind Innen und Aussen geschickt miteinander verschränkt. So ist die breite Fensterwand der Eingangshalle so gesetzt, dass der Blick die Allerwelts-Hotelbauten, die zwischen dem Konferenzzentrum und dem Strand stehen, mühelos überfliegen und direkt das weite Blau des Meeres einfangen kann.

Es ist nicht zu vermuten, dass das neue Kongresszentrum Teneriffa jene fabulöse urbane Frischzellenkur bescheren wird, die Gehrys Guggenheim-Museum für Bilbao zur Folge hatte. Mit seiner glitzernden Erscheinung und seiner komplett importierten Kunstsammlung war Gehrys Museum einfach in jeder Beziehung das Gegenteil dessen, was die baskische Industriestadt bis dahin ausgemacht hatte – genau deswegen konnte es auch Identität und Image der Stadt so umfassend kolonisieren. Menis' Gebäude dagegen arbeitet mit der konkreten Identität Teneriffas. Es will sie nicht usurpieren, sondern transformieren und das, was man mit Rem Koolhaas als ihre «generic identity» bezeichnen könnte, mit einer Schicht Ortsspezifik unterwandern.

Ob dieses Manöver gelingt, hängt wesentlich davon ab, wie die Programmgestalter des Hauses

die vom Architekten vorgeschlagene Erweiterung der Institution zu einem Kultur- und Kongresszentrum mit Leben füllen können. Ein Konzertprogramm, das nicht nur die ohnehin abendkleidtrainierten Gäste aus den exklusiven Fünf-Sterne-Hotels anzieht, sondern auch die vielen aus den niedriger taxierten Drei-Sterne-Hotels (die zahlenmässig die Mehrheit bilden), müsste zweifellos die ernsten und unterhaltenden Welten der Kunst zu integrieren wissen – gewissermassen Anton von Webern und Andrew Lloyd Webber, Disney und Dialektik der Aufklärung. Nach der eloquent erträumten, aber letztlich nie erreichten Einheit von Kunst und Leben als Utopie der Avantgarde des 20. Jahrhunderts wäre diese friedliche Koexistenz von *high* und *low* eine ebenso bescheidene wie folgenreiche Vision unserer Gegenwart.

Ilka und Andreas Ruby

Architektur: Felipe Artengo, Fernando Menis, José Maria Rodriguez Pastrana; Mitarbeit: Esther Ceballos, Andreas Weihnacht, Ana Salinas Mata; Tragkonstruktion: Rafael Hernandez, Andrés Pedreño; technische Beratung: Victor Martinez Segovia (Struktur), Juan José Gallardo (Umgebung), Milian Associats SL (Elektro), Audioscan SL (Akustik), Carlos Belda (Licht); Baufirma: NECSO, PPL, UTE CONGRESS; Investor: Canarias Congress Bureau Tenerife Sur

Mystery House

EM2N: ERWEITERUNG EINFAMILIENHAUS
IN GREIFENSEE, 2003–2004

Ein etwas beengtes Reiheneinfamilienhaus
aus den Sechzigerjahren mit einem grossen
Garten, aber ohne Bezug zur Umgebung,
und erschwerende baurechtliche Umstände:
Trotz dieser alles andere als vielver-
sprechenden Ausgangslage haben EM2N es
geschafft, mit einem unterirdischen Anbau
alle Schwierigkeiten souverän in Qualitäten zu
verwandeln.

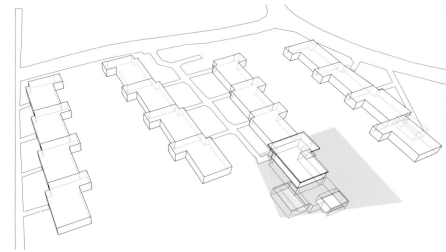

1 **Aussenansicht**
(Fotos: Hannes
Henz)

2 **Situation inner-
halb der Siedlung**

3 **Schnitt neu,
Grundriss Erdge-
schoss alt und
neu, Grundriss
Untergeschoss
neu 1:400**

4 **Innenansicht des
offenen Wohnbe-
reichs im Erdge-
schoss**

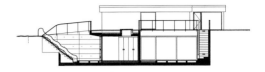

3

Die Reihenhaussiedlung der Firma Göhner in Greifensee, Baujahr 1969, ist vielleicht guter architektonischer Durchschnitt, aber mit Sicherheit kein
gestalterischer Höhenflug. Die insgesamt 16 Häuser sind in vier kurzen Reihen angeordnet, von
denen jeweils zwei gespiegelt sind, um die Erschliessung zu erleichtern. Aus heutiger Sicht
sind die Aussenräume grosszügig: Die einge-
schossigen, unterkellerten Häuser mit Flachdach
wirken unter den mittlerweile in die Höhe geschos-
senen Bäumen klein und lauschig, die Rasenflä-
chen sind weitläufiger als das übliche Abstands-
grün vergleichbarer Überbauungen.

Im Gegensatz dazu sind die Innenräume eher
bescheiden: Küche und Bad sowie vier recht
knapp bemessene Schlaf- und ein Esszimmer
drängen sich um einen mittleren Gang, während
das Wohnzimmer rechtwinklig dazu angelegt ist.
Wirklich problematisch ist, dass alle Einheiten den
gleichen Grundriss haben – unabhängig davon,
ob sie sich innerhalb einer Reihe oder an deren
Ende befinden und ohne Rücksicht auf die jeweili-
ge Orientierung. Bei einigen Kopfbauten führt das
zur absurden Situation, dass die Häuser zwar
über einen besonders grossen Garten auf drei Seiten verfügen, dass aber eine der drei Hauptfassa-
den vollständig geschlossen ist und selbst das
Wohnzimmer nur einen sehr unbefriedigenden Bezug zum Aussenraum hat.

Dieses Manko bewog die Bewohner eines der
Kopfbauten dazu, EM2N mit dem Bau eines grösseren Wonzimmerfensters zu beauftragen. Was als
minimaler Eingriff geplant war, führte zu einer vertieften Auseinandersetzung mit dem räumlichen
Potenzial des Hauses und kulminierte in dessen
vollständiger Transformation. Schliesslich umfasste der Umbau nicht nur die Öffnung des Gebäudes
zum Garten und die Zusammenlegung von vier
bestehenden Räumen im Erdgeschoss zu einem
grosszügigen Wohnbereich, sondern auch die
Schaffung von drei zusätzlichen Zimmern und zwei
neuen Patios – im Untergeschoss.

4

Bauen im Untergrund

Dieser unterirdische Anbau ist ein gewagter, aber bemerkenswert sicher geführter Schlag, der einen gordischen Knoten von baurechtlichen Schwierigkeiten, gewandelten Wohnbedürfnissen und potenziellen Spannungen innerhalb der nachbarschaftlichen Beziehungen elegant durchschneidet. Bei der Erweiterung des Hauses waren die Hürden nicht nur architektonischer, sondern auch juristischer Natur: Zwar ist die Siedlung unterverdichtet und verfügt über entsprechende Ausnutzungsreserven, doch diese werden über das ganze Areal berechnet, was zur Folge hat, dass jede Erweiterung eines einzelnen Hauses die Einwilligung sämtlicher betroffener Nachbarn notwendig macht. Um langwierige Verhandlungen zu vermeiden, schlugen die Architekten einen Eingriff im Kellergeschoss vor: Unterirdische Bauten – und Aufstockungen innerhalb eines bestimmten Mantels – zählen im Baugesetz nicht zur Ausnutzung.

6

5 Blick vom Garten
in den länglichen,
von zwei Mauern
und einer Böschung
begrenzten Hof

6 Gegenblick vom
Kinderbad in den
Hof hinaus

7 Blick vom Garten
in den Hof mit der
Aussendusche

8 Innenansicht
dieses Hofes

7

8

Diese Strategie ermöglichte es, sofort zu bauen und wirklich grosszügige Räume zu schaffen. Ein bestehender Kellerraum, der bisher als Hobbyraum diente, wurde zum Schlafzimmer umfunktioniert. Im Anschluss daran wurden zwei weitere Schlafzimmer und eine Nasszelle in den Garten hinein gebaut. Zudem wurde das Terrain an zwei Stellen abgesenkt: Die neuen Räume öffnen sich ebenerdig auf zwei Höfe, die so dimensioniert sind, dass sie keineswegs als Lichtschächte, sondern als vollwertige Aussenräume wahrgenommen werden. Über zwei Oberlichter, die tagsüber wie kleine Teiche im Garten anmuten und nachts hell leuchten, wird zusätzlich zenitales Licht in den unterirdischen Trakt geführt.

Die Vorteile dieser Lösung sind augenfällig. Die neuen Räume sind hell, freundlich und trotz direkter Verbindung mit dem bestehenden Bau weitgehend von diesem unabhängig – eine ideale Konstellation für eine Familie mit drei Kindern. Später liesse sich dieser Teil des Hauses auch leicht in eine Einliegerwohnung verwandeln. Zum Gewinn an hochwertiger Wohnfläche kommt die bessere Nutzung des Gartens hinzu, der unverbaut bleibt und nun drei differenzierte Bereiche mit spezifischen Qualitäten aufweist: die obere Ebene, auf welche sich der grosszügig verglaste Wohnraum und der neue, erweiterte Sitzplatz öffnen; der erste, von Mauern umschlossene Patio, der als geschützter Aussenraum über eine Dusche verfügt und nicht nur von innen, sondern auch über eine Aussentreppe vom Garten aus erschlossen wird; der zweite Patio, der von zwei Mauern und einer Böschung definiert wird und mittels einer gewellten, leuchtend gelben Rutschbahn mit dem Garten verbunden ist.

Von innen ist das ehemals kleinräumige und eher dunkle Gebäude nicht wiederzuerkennen. Dank der unterirdischen Erweiterung fällt die Veränderung von aussen jedoch kaum auf – ein weiterer Vorteil, denn ein grösseres oberirdisches Volumen wäre nur schwer in den bestehenden Kontext zu integrieren gewesen. Das Innenleben des Hauses bleibt weitgehend verborgen und kann Schritt für Schritt erkundet werden. Spielerisch, aber mit verblüffender Präzision haben die Architekten die Möglichkeiten von Haus und Garten ausgeschöpft und eine ungeahnte räumliche Qualität generiert – in Anbetracht der trostlosen Ausgangslage eine wirklich bemerkenswerte Leistung. Es bleibt zu hoffen, dass auch andernorts solche Tugenden aus der Not entstehen.

Judit Solt

Architektur: EM2N Architekten ETH/SIA, Mathias Müller, Daniel Niggli, Zürich; Projektarchitekt: Bernd Druffel; Bauingenieur: Tragwerk Bauingenieure GmbH, Zürich; Bauherrschaft: privat

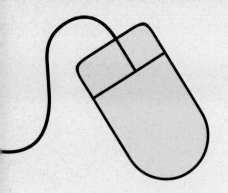

Top-Adressen im Internet

Natursteine

8865 Bilten GL   9422 Staad SG

SBS NATURSTEIN
Marmor- und Granitwerk

www.sbs-naturstein.ch

Architektur-Reisen

www.architoura.com

Treppen

COLUMBUS TREPPEN®

www.columbus.ch

Möbelbau

ARTMODUL®
möbel für menschen

www.artmodul.ch

Dusche-WC

■ GEBERIT
Balena Dusch-WC

www.balena.ch

Seminarräume

hunziker
schulungseinrichtungen

www.hunziker-thalwil.ch

Fensterfabrik

K KUFAG
Fenster und Türen

www.kufag.com

Sicherheitsanlagen

www.**cds**.ch
Einbruchschutz
mechanisch & elektronisch

Dachflächenfenster

VELUX®

www.VELUX.ch

Bodenbeläge

NYDEGGER
Teppichunterlagen
Schmutzschleusen
Bodenschutzmatten

www.nydegger-ag.ch

Fassadenplanung

METALLBAU PARTNER AG
■ ENGINEERING   ■ PLANNING   ■ COMPUTING

www.mbpag.ch

Zentralstaubsauger

allaway
Zentralstaubsauger
www.allaway.ch

Zeitschriften

Raum
und Wohnen

www.raum-und-wohnen.ch

Zeitschriften

DAS EINFAMILIEN
HAUS

www.das-einfamilienhaus.ch

Möbelsystem

ZEMO®

www.zemo.ch

Stellen Ihre Bauherren
immer höhere Anforderungen?

Leserdienst 127

Schattendasein

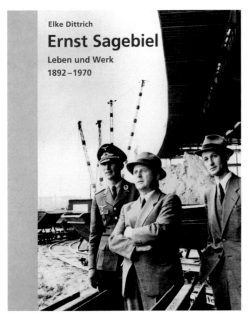

**«Ernst Sagebiel: Leben und Werk (1892–1970)»
von Elke Dittrich**

Die deutsche Schlussstrich-Debatte und die aktuelle Betonung der eigenen Kriegsopferrolle darf man durchaus als Symptome der Unlust werten, sich mit dem Thema Nationalsozialismus zu beschäftigen. Umso besser, wenn es auch in bislang unterbewerteten Bereichen Ansätze der kritischen Reflexion gibt – wenn etwa eine jener Figuren, die gleichsam «in der zweiten Reihe» des NS-Regimes standen, stärker ausgeleuchtet wird.

Der Architekt Ernst Sagebiel ist ein solcher Fall. Sein Leben und Werk wissenschaftlich aufzuarbeiten, hat sich die Architekturhistorikerin Elke Dittrich auf die Fahnen geschrieben; was an sich ein lohnenswertes Unternehmen darstellt, wenn man bedenkt, dass der Volksmund die Architektur der NS-Zeit «trostlos, spärlich, gräuslich» nannte – lautmalerisch gebildet nach den Namen der Protagonisten Paul Ludwig Troost, Albert Speer und Wilhelm Kreis. Troost starb früh; Speers Pläne blieben weithin unausgeführt, und Kreis, ein konservativer Baumeister der Weimarer Zeit, kämpfte um 1933 bereits gegen den Ruhestand. Was zur Zeit

des Dritten Reichs in Berlin gebaut wurde, trägt das Signum «Nazi-Architektur» zu Recht nur der Bauzeit nach. Dem Stil folgend, hätten viele Beobachter ihre Not, die Bauten der Weimarer Republik, der Nazi-Zeit oder, im Osten Deutschlands, womöglich gar der Nachkriegszeit zuzuordnen. Vermag eine ausführliche Rezeption von Sagebiel nun das Bewertungsraster neu zu justieren?

Nach Kriegsteilnahme und Studium in Braunschweig begann Sagebiels Berufseinstieg erst mit dreissig. Sein Werdegang umfasste drei Stufen: Erste Sporen verdiente er sich bei dem Unternehmer-Architekten Jacob Koerfer, dessen wichtigste Projekte – das Hansa-Hochhaus in Köln (1925), das Deutschland-Haus in Essen (1928) und das Westfalenhaus in Dortmund (1929) – nicht nur in stadträumlicher Hinsicht, sondern auch in Bezug auf ihre straffe Organisation und Realisierung massstabsbildend wurden. Zwischen 1929 und 1932 reüssierte er als Büroleiter bei Erich Mendelsohn in Berlin, damals einem der renommiertesten Baumeister in Deutschland. Bei den seinerzeitigen Projekten – in Berlin etwa dem Haus des deutschen Metallarbeiterverbandes, dem Columbushaus und dem Woga-Komplex (heute: Schaubühne) oder dem Kaufhaus Schocken in Chemnitz und dem Haus der jüdischen Jugend in Essen – war er «als Geschäftsführer, also in einer leitenden, projektübergreifenden und explizit nichtkünstlerischen Funktion beschäftigt». Julius Posener, 1931 ebenfalls in Mendelsohns Atelier angestellt, «erlebte Sagebiel in leitender Position, als ‹zweiten Mann› oder ‹Ordnungsmann›, der hundertprozentig in die von Strenge und Disziplin geprägte Atmosphäre im Büro gepasst habe».

Nach einer kurzen Übergangsphase war das Jahr 1933 auch für Sagebiel so etwas wie ein Schicksalsdatum: Er trat der NSDAP sowie der SA bei – und zugleich, wohl auf Vermittlung seines Bruders, in den öffentlichen Dienst ein, indem er eine Anstellung in der Bauabteilung der Luftwaffe fand. Dort vollzog sich eine erstaunliche, wiewohl

seltsam beiläufige Karriere: Binnen eines Jahres wurde Sagebiel vom einfachen Angestellten zum Ministerialrat befördert. Im Dezember 1934 wurde ihm sein bis dato grösster Auftrag zuteil: der Neubau des Göring'schen Reichsluftfahrtministeriums (heute: Bundesfinanzministerium). Dieser prominente Direktauftrag aber sei, so die Autorin, weniger auf Protektion als vielmehr auf seine genuine «Zuständigkeit» (Sonderaufgabe qua Amt) zurückzuführen; zudem könne man davon ausgehen, «dass Sagebiel sich innerhalb der Luftfahrtverwaltung einer solchen Wertschätzung erfreute, dass man ihm in diesem Fall nicht nur den organisatorischen, sondern auch den entwurflichen Teil dieser Aufgabe anvertraute». Für eine weithin präzedenzlose Bauaufgabe – 2000 Arbeitsräume für ein neues Ministerium, mitten im Regierungsviertel auf historischem Grund, und ohne dass eine ausformulierte NS-Staatsrepräsentation existiert hätte – musste Sagebiel schnell eine Lösung finden. Entstanden ist eine lange, auf Symmetrie bedachte Grundrissfigur und ein Aufriss, der die Vorbilder der gemässigten Moderne, insbesondere Hans Poelzigs IG-Farben-Verwaltung in Frankfurt a.M. rezipierte, zugleich aber Elemente der angrenzenden Bebauung (Preussenhaus und ehemaliger Preussischer Landtag) aufnahm.

Nur wenige Monate später, im April 1935, wurde Sagebiel bereits mit Vorentwurfsplanungen für den Flughafen Tempelhof beauftragt, «der sein umfangreichstes und bedeutendstes Projekt werden sollte». Die städtebauliche Konzeption mit Kreisplatz ist gleichermassen genuine Neuschöpfung wie Einordnung in den Stadtkörper. Sagebiel war die Ausrichtung auf das Kreuzbergdenkmal wichtig, auch wenn sie später, durch Transposition des geplanten Südbahnhofs, ihren Sinn verlor. Die Architektur dieses Bauwerks offenbart sich als eigentümlicher Zwitter: in manchem, insbesondere dem nordwestlichen Flugsteigteil, eine durchaus moderne, elegante und dynamische Anmutung; die rustikal-klassizierende Hauptfassade der Empfangshalle mit vorgelagertem Ehrenhof hingegen monumental, ja einschüchternd in der Wirkung.

Gewiss ist die Rolle Sagebiels hybrid. Karrierebeamter der Luftwaffe und zugleich – offenbar mit Görings Segen, gar seiner aktiven Unterstützung – ein freier Architekt: mit vollen Auftragsbüchern und gut bezahlt. Er gestaltete eine nationale Textilausstellung, leitete das Baubüro für holzindustrielle Anlagen, baute Zellstoffwerke und plante die Industrie- und Verwaltungsbauten der Reichswerke Hermann Göring in Watenstedt-Salzgitter. «Ernst Sagebiel war somit zum wichtigsten Industriearchitekten des Dritten Reiches aufgestiegen, während er kaum noch neue Aufträge im Bereich der Luftfahrt erhielt.» Und je umfassender und machtvoller die Rolle Albert Speers in Berlin wurde, desto mehr erwies sich diejenige Sagebiels als eingeengt; bei der «Neugestaltung der Reichshauptstadt» war er schliesslich nur noch sekundär beteiligt. Gleichwohl – oder gerade deshalb – meint die Autorin hier Gemeinsamkeiten zu erkennen: «Penibel in der Erfüllung ihrer Aufgaben, gehemmt und distanziert im persönlichen Umgang, entwickelten sich beide eher zu äusserst effizienten Organisatoren als zu grossen Architekten».

Elke Dittrich legt eine akribische Faktensammlung vor, eher deskripitv denn analytisch, weitgehend ohne theoretischen Anspruch, dafür angenehm nüchtern und zurückhaltend «erzählend» bis weit hinein in biografische Details im (Ehe-)Leben Sagebiels oder zum Aufbau der Luftwaffe und deren Bauabteilung. Das Buch ist ansprechend gestaltet, sorgfältig ediert, reich bebildert. Freilich bleibt ein kleiner Beigeschmack, dass ausgerechnet jetzt, da in den Feuilletons die NS-Verbrechen angesichts des alliierten Bombenkrieges relativiert werden und ein gewisser, selbstredend «ironisch gebrochener» Nazi-Chic en vogue ist, eine solche Untersuchung erscheint. Aber dies darf man wohl kaum der Autorin anlasten. Indes wird auch hier der Stand der Forschung insofern bestätigt, als das nationalsozialistische Regime letztlich kein kohärentes Architekturprogramm formuliert hatte. Neben den neoklassizistischen Kolossalbauten wie der Reichskanzlei oder dem Olympiastadion und den ideologisch-heimatverbundenen «Blut-und-Boden-Architekturen» im bäuerlichen Stil standen die Industriebauten oder Verkehrsbauten der Moderne. Und Sagebiel mittendrin – als Architekt womöglich genauso unentschieden wie als Parteimitglied.

Robert Kaltenbrunner

Elke Dittrich, *Ernst Sagebiel: Leben und Werk (1892–1970)*, Lukas Verlag, Berlin 2005, 329 Seiten, 347 schwarzweisse Abbildungen, gebunden, EUR 47.–, ISBN 3-936872-39-2

Denkmalverständnis

«Denkmalverständnis. Vorträge und Aufsätze 1990–2002» von Georg Mörsch

Es ist nur scheinbar paradox, dass die Siebzigerjahre als hohe Zeit des Bauwirtschaftsfunktionalismus, zugleich aber als Dekade der Denkmalpflege gelten. Dem liegt vielmehr eine gewisse Logik zu Grunde. Nachdem Alexander Mitscherlich sehr folgenreich die «Unwirtlichkeit der Städte» konstatiert hatte, kam den Denkmalen eine neue gesellschaftliche Bedeutung zu: Sie wurden gleichsam zu Trägern emanzipatorischer Postulate gegen eben diese Unwirtlichkeit. Bürgerbewegungen setzten sich erfolgreich gegen Abbruch und Auskernung von Altbauten zur Wehr; Gründerzeit und Historismus wurden wieder entdeckt, ihre Wohnbauten neu geschätzt. Eine adäquate historische Verankerung gilt seither als unentbehrlich für die Ausbildung von baulicher Identität.

Georg Mörsch ist ein Herold dieser Entwicklung. Er hat seit 1980 als Hochschullehrer an der ETH Zürich dem Denkmalschutz in der Architektenausbildung Gewicht verliehen, zudem in zahllosen Vorträgen und Aufsätzen für sein Anliegen

geworben. Anlässlich seiner jüngst erfolgten Emeritierung wurde nun eine Sammlung seiner Arbeiten aus den Jahren 1990–2002 publiziert.

Bewirtschaftung contra Rekonstruktion

Mörsch ist kein apologetischer «Bewahrer», der nichts als sein Anliegen kennt. Vielmehr erweist er sich als Stichwortgeber für eine umfassende Debatte. Manch unorthodoxe und unbequeme Einsicht schreibt er seinen Zeitgenossen ins Stammbuch. Den Nachbau historischer Denkmäler, wie etwa das Knochenhaueramtshaus in Hildesheim, das Leibnizhaus in Hannover oder den Frankfurter Römer, bezeichnet er unverblümt als «pervers». Den gelernten Kunsthistorikern seiner Profession hält er vor, dass sie oftmals «statt der verantwortungsvollen Bewirtschaftung der verwundeten Reste ihre kunsthistorischen Rekonstruktionsgelüste im Sinn hätten». Dass er die Rekonstruktion für zerstörerisch hält, daran lässt er nicht den Hauch eines Zweifels – womit er zugleich eine entschiedene Antwort auf die Gretchenfrage des Metiers liefert.

Sein Appell, «dass auch die anonymen materiellen Spuren der Geschichte unsere Beachtung und Pflege verdienen, da auch in ihnen Erkennbarkeit, Unverwechselbarkeit und Identität sich manifestieren», wird all jene kaum begeistern, die sich angesichts des aktuellen Drucks auf die Profession nur zu gern auf die etablierten und gesellschaftlich anerkannten Denkmalfelder zurückziehen: Barocke Schlösser, mittelalterliche Burgen oder historische Altstädte sind ungleich leichter unter Protektion zu stellen als beispielsweise karg anmutende Reihenhauszeilen, moderne Verkehrsbauwerke oder industrielle Relikte. Auf Denkmale indes, die «nur wegen ihrer uns heute erschliessbaren Schönheit erhaltenswert» seien, lässt sich die Aufgabe – auch wenn es die breite Öffentlichkeit so sehen mag – mitnichten reduzieren. Gleichwohl oder gerade deshalb muss Denkmalpflege für ihre Sache wohl noch überzeugender werben.

Architekten und Denkmalpflege

Bei aller darin wurzelnden Malaise offenbart sich Mörsch als entschiedener Befürworter einer engen Kooperation namentlich mit der Architektur; und die einzig adäquate Deutung des Diktums von der «schöpferischen Denkmalpflege» sieht er darin, dass «in der Begegnung mit dem Denkmal als authentischem Dokument der neue architektonische Eingriff schöpferisch lesbar zu machen sei». Die Nicht-Imitierbarkeit des Denkmals und das klar erkennbare Miteinander von Neu und Alt sind für ihn zwei Seiten derselben Medaille. «Die Offenheit der Begegnung von Alt und Neu verbietet der Denkmalpflege grundsätzlich, die Gestalt von Neubauten mit ähnlicher Eindeutigkeit durchsetzen zu wollen wie die Erhaltung der Substanz.» Insbesondere Hans Döllgasts Œuvre in München dient ihm da als Referenz. Gleichwohl müssten die Architekten ihre – subjektiv und psychologisch vielleicht nachvollziehbaren – Ressentiments gegenüber der vermeintlichen Gegnerschaft der Denkmalpflege ad acta legen: Diese sei weder als Angriff auf ihre künstlerische Freiheit noch überhaupt als zentrale Restriktion gegen das Neue zu begreifen.

Tatsächlich stellt Mörsch vernehmlich die Frage, ob die Architektur noch bereit sei, gesellschaftliche Bindungen als verbindlichen Rahmen ihrer Tätigkeit zu akzeptieren, und ob sie nicht die Möglichkeiten formaler Gestaltung krass überschätze. Jenseits dessen weiss er aber ihre Kreativität zu schätzen – wie augenscheinlich auch das Vermächtnis der klassischen Moderne respektive die entschiedene Zeitgenossenschaft der Baukunst, denn nichts scheint ihm so zuwider wie der «dümmliche Taumel eines sinnentleerten Historismus». Aus Mörschs Warte wäre die Denkmalpflege entschieden falsch beraten, wenn sie sich allein auf die Vergangenheit ausrichtete. Denn das Bild der historischen Stadt «lässt sich nicht als direktes Planungsinstrument für die Stadt der Zukunft verwenden, gleichsam auf die Nebelwand

der Zukunft als Diapositiv projiziert, das man nach-zeichnen könnte». Er sieht ihre Aufgabe darin, als strategisches Element im künftigen Baugesche-hen zu fungieren. Sei sie doch für eine behutsame Entwicklung der europäischen Stadt letztlich ebenso unverzichtbar wie für einen nachhaltigen Umgang mit den begrenzten Ressourcen.

Das Buch gliedert sich in vier sehr sinnige, wenngleich nicht auf den ersten Blick einleuchten-de Abschnitte: «Alte Themen – noch immer und immer wieder» ruft nochmals die kulturellen Grundsätze und die historischen Gefechtsstände ins Gedächtnis, die seit John Ruskin und Georg Dehio stets aufs Neue diskutiert werden, nach wie vor indes streitwürdig sind; «Der Denkmalpfleger und die Architekten» beleuchtet einen so konflikt-trächtigen wie fruchtbaren Gegensatz; «Denkmal-pflege und Stadt» widmet sich der vermutlich für die weitere Zukunft entscheidenden Kontextebe-ne, nämlich den Rahmenbedingungen abstrakte-ren Zuschnitts; und «Neue Themen – neue Konse-quenzen» schliesslich versteht sich als eine Art Seismograf für künftige Fragestellungen.

Dass es sich um einen insgesamt empfehlens-werten, zudem ansprechend gestalteten Band handelt, ist weniger seinem Neuigkeitswert oder seiner wissenschaftlichen Gründlichkeit, sondern vielmehr seiner Prägnanz und Meinungsfreude geschuldet. Die vorliegenden 19 Aufsätze und Vorträge bilden einen so knappen wie profunden Überblick zu einem Thema, das zwar in aller Mun-de ist, aber kaum je in den Köpfen und Herzen ver-ankert. Bedingt durch die unmittelbare Anei-nanderreihung, mag zwar mancher Argumenta-tionsbaustein oft wiederholt werden. Aber die Lektüre ist schon deswegen ein Gewinn, weil not-wendige Grundsatzüberlegungen in der Hektik des denkmalpflegerischen Alltags notgedrungen oftmals zu kurz kommen. Darüber offenbart sie sich streckenweise auch als ein recht «süffiges» Vergnügen – und das lässt sich beileibe nicht von allen Fachbüchern sagen.

Robert Kaltenbrunner

Georg Mörsch, *Denkmalverständnis. Vorträge und Aufsätze 1990–2002*, (Veröffentlichung des Instituts für Denkmalpflege, Band 25), Hochschulverlag ETH, Zürich 2005, 208 Seiten, zahlreiche Abbildungen, gebunden, CHF 78.–, ISBN 3-7281-2962-3

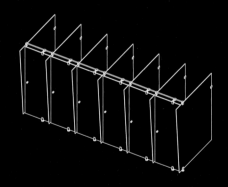

Schulungstisch Modell Arn

Der neue Schulungstisch ist eine Innovation von Büro-Fürrer, die in enger Zusammenarbeit mit dem Architekturbüro Arn entwickelt wurde. Gegenüber konventionellen Modellen bietet er wesentliche Vorteile. Das Programm basiert auf den Grundelementen C-Fuss-Gestell und Tisch-

platte. Das Basismodell lässt sich mit zahlreichen ausgeklügelten Ausrüstungsoptionen wie Klappe mit versenkbarem Flachbildschirm, Kabelwanne, Kabelkanal, Panel mit Leselampe, Schallschutz, CPU-Halter und Laptopanschlüsse ergänzen.

Der Schulungstisch Arn bietet höchste Flexibilität und multifunktionalen Einsatz. Das Basismodell lässt sich im Baukastensystem jederzeit rasch und einfach neuen Bedürfnissen anpassen. Er eignet sich hervorragend überall dort, wo Schulungsplätze wandelbar, vielseitig einsetzbar und elektrifizierbar sein müssen: für Studentenarbeitsplätze an Universitäten, in Gruppenschulungsräumen oder als Lesetische in Bibliotheken oder Gewerbeschulen.

In unseren Ausstellungsräumen im Büro+Licht Center an der Würzgrabenstrasse 5 in 8048 Zürich können Sie den Schulungstisch live erleben.
Leserdienst 137

Roter Teppich für Fotokunst

Das Landwehrkasino gehörte zu den letzten Erinnerungen Helmut Newtons an Berlin, der 1938 seine Heimatstadt verlassen musste. Eine besser passende Lokalität hätte die Helmut Newton Stiftung nicht finden können, um das Werk des Fotografen posthum in Szene zu setzen.

Noch zu Lebzeiten überliess Newton der Stadt Berlin seinen künstlerischen Nachlass. Im nunmehr sanierten Kasino wird auf zwei Stockwerken das vielseitige Werk Newtons von Mode- und Werbefotografie über Portrait- und Aktaufnahmen bis hin zu Landschaftsbildern in seiner einmaligen Ästhetik und Bildsprache in wechselnden Ausstellungen präsentiert. Das einzigartige Ambiente verleiht den Werken des Starfotografen und seiner Frau June, bekannt unter ihrem Pseudonym Alice Springs, eine eindrucksvolle Wirkung.

Die Helmut Newton Stiftung übernahm die Renovierung des Baus der Architekten Schmieden und Boethke aus dem Jahr 1909. Das Berliner Architekturbüro Kahlfeldt legte die Struktur des Gebäudes wieder frei und verband das entstandene Gefüge grosser Räume durch hohe Türen und Durchgänge sowohl optisch als auch funktional. Einen farbigen Akzent in der Eingangshalle setzt der getuftete Boden Concept 104 von Carpet Concept, der die Besucher gleichsam auf dem roten Teppich über die Treppe zur Galerie geleitet.

Die Nachbildung des Arbeitszimmers des Künstlers in Monte Carlo ziert ein bunter Boden mit organischen Formen, den das Bielefelder Unternehmen nach Fotovorlagen anfertigte. Dank des innovativen Chromjet-Verfahrens kann der strapazierfähige CAD-Teppichboden auf individuelle Weise bedruckt werden. Das Dessin entspricht so dem von Ettore Sottsass speziell für Newton entworfenen Original.
Leserdienst 138

Neues von Hager Tehalit

Die technologischen Innovationen beeinflussen unseren Lebensstil immer mehr. Im digitalen Zeitalter macht diese Entwicklung auch vor den technischen Einrichtungen zuhause wie Beleuchtung, Heizung oder Rollläden nicht Halt.

Das System tebis steuert alle elektrischen Funktionen. Eine oder mehrere Funktionen (Aussenbeleuchtung, Heizung, motorisierte Rollläden...) werden einer oder mehreren Schaltstellen (Taster, Umfeldsteuerung, Fernbedienung...) zugewiesen.

Die total drahtlosen Alarmsysteme LOGISTY gewährleisten einen wirksamen Alarmierungsschutz von Wohn- und Gewerbeobjekten. Das Alarmsystem baut auf einem dreistufigen System mit Einbruch-, Personen- oder Gebäudeschutz auf. Die drahtlose Türsprechanlage LOGISTY ermöglicht Besucher zu empfangen, eine Tür, ein automatisches Tor oder eine Aussenbeleuchtung zu aktivieren. Mit LOGISTY Türsprech- und Alarmanlagen können Häuser und Geschäftsräume ohne grössere Bauarbeiten ausgerüstet werden.

Der patentierte Umlaufbodenkanal BK Broadway® für Wohn- und Gewerbebau wird am Boden entlang von Wänden oder Fensterfronten in den Unterlagsboden eingelassen. Über einen klappbaren Deckel lassen sich die Leitungen und Steckdosen frei platzieren. Entlang der Wände befinden sich Kabelauslässe für die Kabel der verschiedenen Medien (230V, Netzwerke, TV, HIFI). Mit dem BK Broadway® sieht man keine Leitungen und Steckdosen mehr. Der Kanaldeckel lässt sich mit unterschiedlichen Bodenbelägen belegen.

Aktuelles Design, bewährte Technik sowie ein breites Sortiment von Funktionen stellen die Grundwerte von Kallysto dar. Das gesamte Lieferprogramm in Ultraweiss ist antibakteriell und virengeschützt.
Leserdienst 142

KWC EVE – sinnliche Lichtspiele

Die Auszugbrause von KWC EVE ist auf eine intelligente und unsichtbare Weise im Schwenkauslauf integriert und mit einem LED-Lichtring ausgestattet. Mittels einer Tastenfunktion wird der Lichtstrahl aktiviert. Der beleuchtete Wasserstrahl fliesst, ähnlich einem Plasmastrom, ins Spülbecken und beleuchtet dieses und den Arbeitsbereich.

Die Idee der Designer bestand darin, die in der Küche notwendigen Funktionen Wasser und Licht in einem Produkt zu vereinen. Die Herausforderung lag in der Ausstattung der schlanken Armatur mit einer Auszugbrause, die sowohl die Wasser- als auch die Stromführung integriert. Die

Lösung ist ein zweischichtig aufgebauter Schlauch, welcher die Wasser- und Stromführung hermetisch voneinander trennt und somit höchste Bedienungssicherheit garantiert. Der Schlauch ist mit einem eigens entwickelten Anschlussstück gekoppelt, in dem die Übergabe von Wasser und Strom an die jeweiligen Technikkomponenten stattfindet. Die in einem transparenten Kunststoffring integrierte LED-Beleuchtung überzeugt durch ihre hohe Leuchtkraft, die lange Lebensdauer und einen äusserst niedrigen Stromverbrauch.

KWC EVE ist in Messing verchromt oder in Edelstahl erhältlich. Beide Materialvarianten sind mit oder ohne Licht lieferbar. Der Anschluss an das Stromnetz erfolgt mittels eines CE-zugelassenen 12-Volt-Niederspannungsnetzteils. Die Küchenarmatur ist seitenbedient und mit einem eleganten, bedienungsfreundlichen Hebel ausgestattet, was einen hohen Komfort gewährleistet. Für die Realisation KWC EVE zeichnet die Aachener Designagentur NOA verantwortlich.
Leserdienst 140

Starck X bei Richner Bäder und Plättli

Richner Bäder und Plättli ist seit Oktober 2002 am Standort der ehemaligen Vicom Baubedarf AG in Bern präsent. Das Unternehmenscredo «RICHNER – Eine Idee persönlicher» wird mit 17 Filialen in der Schweiz umgesetzt. Auch die Ausstellung in Bern dient dazu, Architekten, Sanitärinstallateure, Planer, Plattenleger und Bauherren persönlich und kompetent zu beraten.

Das denkmalgeschützte Haus mit dem grössten in der Schweiz noch existierenden Sheddach wurde erweitert und sanft renoviert. Auf den nun rund 1000 m² sind sowohl Designprodukte als auch trendorientierte und konventionelle Badezimmereinrichtungen sowie Produkte für den Objektbereich präsentiert – auch die durch Richner in der Schweiz vertretenen Komplettbäder von Starck-X, JOOP! und Matteo Thun.

Starck X, das einzigartige und unnachahmlich neue Badkonzept von Philippe Starck, hebt sich durch sein konsequent kubisches Erscheinungsbild vom bislang bekanntem Baddesign ab. Duravit stellt sich den produktionstechnischen Herausforderungen gerader Keramikflächen mit einem völlig neuen konstruktiven Ansatz. Axor bietet eine neue Grundform im Armaturenbereich: Plane, glatte Flächen aus Chrom korrespondieren mit der puren Geometrie des Armaturenkörpers. Das Design von Starck X überzeugt durch optische Besonderheiten: die «überlaufende» Badewanne wie auch der Schwallstrahl aus der geradlinigen Armatur emotionalisieren Dusch- und Badeerlebnisse auf stilvollem Niveau. Gemeinsam mit Axor und Duravit

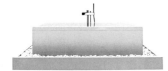

schuf Philippe Starck einen Ruhepol, an dem sich der Mensch fernab vom Alltagsstress entspannen und im wahrsten Sinne des Wortes mit sich ins Reine kommen kann. Starck X wurde dem Fachpublikum erstmals an der ISH 2005 präsentiert.

Leserdienst 139

■ Die dritte Dimension von Silent Gliss

Bisher fragte man: Wollen wir einen Blendschutz, der sich je nach Sonnenstand öffnen lässt, oder einen Flächenvorhang, der den Raum besser zur Geltung bringt? Der Entscheid erübrigt sich jetzt. Silent Gliss bringt mit dem Folding Panel-System eine Weltneuheit auf den Markt, die Funktion und Ästhetik vereint. Denn was im geschlossenen Zustand ein grosszügiger Flächenvorhang mit maximalem Schutz vor Lichteinfall ist, lässt sich so falten, dass daraus ein stimmungsvolles Spiel mit Licht und Schatten entsteht.

Damit beweist Silent Gliss einmal mehr seine Innovationskraft.

Weil sie modern und doch zeitlos sind, werden Flächenvorhänge immer beliebter. Das Folding Panel-System verleiht ihnen nun eine dritte Dimension. In der effektvollsten Position – leicht gewinkelt – schaffen die weichen Falten eine eindrückliche Atmosphäre. Für eine komplette Durchsicht kann der Vorhang ins Paket gezogen werden. Die Weltneuheit macht sowohl als Fensterdekoration wie auch als Raumtrennung eine gute Figur in Büros und Wohnungen.

Zum stufenlosen Öffnen, Schliessen und Falten genügt ein Bedienungselement. Bei der motorisierten Version Silent Gliss 2650 erfolgt die Bedienung per Knopfdruck, bei der Version Silent Gliss 2600 mittels Kugelkette von Hand. Die maximale Systembreite beträgt 5 m, die Paneelbreite variiert von 40 bis 72 cm. Die einzelnen Paneele lassen sich mühelos reinigen oder auswechseln, dank Klettverschluss und einfachen Aufhängungen. Den passenden Stoff gibt es in acht Qualitäten und verschiedenen Farben, von leicht transparent bis blickdicht. Das

System wird zusammen mit den fixfertig konfektionierten Paneelen geliefert.

Leserdienst 134

■ Fantasia

Materialität gewinnt zunehmend Bedeutung für das moderne Raumgefühl. Die neue Serie Handtuft von Tisca wurde deshalb auch für 2005 wieder auf der Basis hochwertiger Schurwolle konzipiert und greift mit dem Einsatz unterschiedlichster Knüpftechniken die vielseitigen Möglichkeiten des Tuftingteppichs auf. Dabei finden sich flache Optiken ebenso in der Kollektion wie hochflorige, weiche und softe Flächen. Die bewährte und in ihrer Qualität einzigartige Hoch/Tief-Reliefoptik wird in floralen Musterungen modern tonig oder klassisch mit Kontrast einge-

setzt (Paradise, Meadow). Ein frech auf Kante gesetzter Kreis in wasserblauem Türkis auf einer ruhigen braunen Fläche greift das Thema Retro auf innovative Weise auf (Bend).

Leserdienst 141

■ Jury des International Velux Award 2006 ernannt

Ab 1. Oktober 05 können Anmeldungen für den «International Velux Award IVA» online unter

www.velux.com/A eingegeben werden. Der IVA ist ein Wettbewerb für Architekturstudierende und deren Lehrpersonen und findet alle zwei Jahre statt, letztmals 2004. Bis jetzt wurde der Wettbewerb unter europäischen Studierenden ausgeschrieben. Die positive Resonanz führte dazu, dass der IVA 2006 erstmals weltweit ausgeschrieben ist. Unter dem Oberbegriff «Light of Tomorrow» werden Projekte gesucht, die sich intensiv mit Tageslicht beschäftigen.

Die Zusammmensetzung der Jury des International Velux Award 2006 für Architekturstudierende besteht aus folgenden Mitgliedern: Kengo Kuma (Kengo Kuma & Associates, Japan), Reinier de Graaf (OMA partner & AMO director, Niederlande), Róisín Heneghan (heneghan.peng.architects, Irland), Omar Rabie (MIT student, Ägypten), Douglas Steidl (AIA Präsident, als Vertreter der UIA, USA), Per Olaf Fjeld (Oslo School of Architecture, als Vertreter der EAAE, Norwegen) und Massimo Bucilli (CEO Velux Italien, als Vertreter von Velux). Die Jury wird im Juni 2006 zusammentreten, um sämtliche Einreichungen zu begutachten, und wird dabei besonders nach Entwürfen Ausschau halten, die die Grenzen überschreiten und Fragen aufwerfen – Entwürfe, die sich mit grundlegendem architektonischen Wissen und Methoden auseinander setzen, und Entwürfe, die das Tageslicht unter Berücksichtigung der Menschen und ihrer Lebensumstände einsetzen. Die Gewinner werden bei der Preisverleihung in Europa im Oktober 2006 bekannt gegeben, und sämtliche Entwürfe werden online auf der Projektwebsite www.velux.com/A ausgestellt werden.

Leserdienst 133

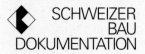

SCHWEIZER
BAU
DOKUMENTATION

DOCU AG
Schweizer Baudokumentation
4223 Blauen
Tel.   061 765 82 82
Fax   061 765 82 83
baudoc@baudoc.ch

www.baudoc.ch

■ Geländerfüllungen mit Metallgewebe

Edelstahlgewebe in Treppenhäusern oder auf Brücken, als Brüstung oder Geländer, wird zum Blickfang und zur stabilen Absturzsicherung. Durch die innovative Entwicklung neuer Gewebetypen können diese nun auch ohne Spannvorrichtung wie ein Lochblech oder Streckmetall als Geländerfüllung eingesetzt werden.

Kettseilgewebe können jedoch auch horizontal gespannt werden. Mittels einfacher Konstruktion wird das Gewebe zwischen den Geländerpfosten montiert und gleichzeitig gespannt. Mit dieser Befestigungslösung braucht es keine zusätzliche Rahmenkonstruktion wodurch das Geländer filigraner wirkt und selbst im Vorbeigehen Blicke anzieht.

■ Remplissages de balustrades en treillis métallique

Le treillis en acier inox dans les cages d'escaliers ou sur les ponts, en tant que balustrade ou rampe, attire les regards et devient un élément de sécurité contre les chutes. Grâce au développement innovant de nouveaux types de treillis, ils peuvent également être posés en tant que remplissages de balustrades sans dispositif de tension, comme une tôle perforée ou du métal étiré.

Le treillis à câble de chaîne peut également être tendu horizontalement. Une construction très simple permet de poser le treillis entre les poteaux de la barrière en le tendant simultanément. Grâce à cette solution de fixation, la construction supplémentaire d'un cadre n'est pas nécessaire, la barrière semble plus fine en attirant le regard des passants.

Leserdienst/service pour nos lecteurs 145

■ Moderne Wohngestaltung durch einzigartige Natursteine

Gefesselt von der Vielfalt und Schönheit zahlreicher Natursteine und beeindruckt von der Baukunst der Incas, möchte die Inca Naturstein Design GmbH diese Elemente verbinden und den Kunden in Form von Designobjekten zugänglich machen. Wärme und Harmonie gehen von Natursteinobjekten aus – auch wenn die Materie Stein geläufig mit Kälte in Verbindung gebracht wird. Dank moderner Wärmetechnologie lassen sich sogar Tischplatten auf vordefinierte Temperaturen heizen.

Der Kunde kann sich sein eigenes Objekt individuell gestalten lassen. Er wird ermutigt und fachlich unterstützt aus einer Fülle von handgefertigten Schmucksteinplatten, Halbedelsteinen, Onyxen und Alabastern sowie auserlesenen Marmoren und Graniten seinen Lieblingsstein auszusuchen und bei der Gestaltung des Produktes seine Ideen einzubringen.

■ Aménagement moderne de logements avec des pierres naturelles exceptionnelles

Fascinée par la grande variété et la beauté de nombreuses pierres naturelles et impressionnée par l'art de construire des Incas, la maison Inca Naturstein GmbH souhaite allier ces éléments et les rendre accessibles aux clients sous forme d'objets designs. Les objets en pierre naturelle dégagent de la chaleur et de l'harmonie – même si le matériau pierre est souvent associé au froid. Grâce à technologie thermique moderne, il est même possible de chauffer des plateaux de table à la température désirée.

Les objets sont conçus selon les désirs individuels des clients. Pour choisir sa pierre préférée parmi la multitude de

plaques de pierres décoratives façonnées à la main, comprenant également les pierres semi-précieuses, l'onyx, l'albâtre, les marbres et granits sélectionnés, des conseils compétents lui seront fournis afin qu'il puisse apporter ses propres idées lors de la conception du produit.

Leserdienst/service pour nos lecteurs 152

■ SYLVERSTAR Designer-Solargartenleuchte aus Edelstahl

Die hellste Solargartenleuchte mit stufenlos einstellbarem Bewegungsmelder.
Bis 10 m Reichweite. Ideal zur Belebung von Einfahrtsstrassen und zur Abschreckung von Einbrechern. Leuchtet fünfzig mal stärker als konventionelle Solargartenleuchten.

– Verkabelung im Garten und auf dem Balkon entfällt
– Hochleistungs-Solarzellen funktionieren auch bei Bewölkung
– Keine Stromkosten
– Auspacken und aufstellen – sofort einsatzbereit
– Helligkeit bis 50 Watt
– 50 bis 70 mal heller als herkömmliche Solarleuchten
– Bis zu 14 Stunden Leuchtdauer
– Ideal für Terrasse oder als Weg- und Aussenleuchte
– Sozial produziert: Montage in Behindertenwerkstätte
– Schweizer Qualitätsprodukt
– 2 Jahre Garantie

SYLVERSTAR – die einmalige Investition, die sich nächtlich auszahlt!

■ SYLVERSTAR, lampe solaire design pour le jardin, en acier inox

La lampe solaire de jardin la plus brillante avec détecteur de mouvement à réglage continu. Rayon d'action jusqu'à 10 m. Idéale pour animer les chemins d'accès et effrayer les cambrioleurs. Éclaire cinquante fois plus fort qu'une lampe solaire usuelle de jardin.

– Inutile de tirer des conduites dans le jardin ou sur le balcon

– Les cellules solaires hautement performantes fonctionnent également par ciel couvert
– Pas de facture d'électricité
– Déballer et mettre en place – immédiatement utilisable
– Luminosité jusqu'à 50 Watt
– 50 à 70 fois plus de luminosité que les lampes solaires usuelles
– Durée d'éclairage allant jusqu'à 14 heures
– Idéal pour les terrasses ou en tant qu'éclairage de chemin ou extérieur
– Fabrication sociale avec montage en ateliers protégés
– Produit de qualité suisse
– 2 ans de garantie

SYLVERSTAR – le seul investissement rentable durant la nuit!

Leserdienst/service pour nos lecteurs 146

■ www.baudoc.ch/optihaus ist optimiert!

Das Optimierungsprogramm für Wärmedämmung von Neubauten und ihre Heizung, nach den Vorgaben der 80/20-%-Energiegesetze (nur noch 80 % des Wärmebedarfs durch nicht erneuerbare Energien, 20 % durch Umweltenergie oder wegsparen), ist nach der Eingabe der Daten der Gebäudehülle um die Seite «Optimieren» ergänzt.

Da sehen Sie grafisch Wärmeverluste und -gewinne von Bauteilen. So analysieren Sie Ihr Haus mit einem Blick und verbessern es mit einem Klick dort, wo es am meisten bringt und am wenigsten kostet.
Neu sind auch die Berechnungsgänge und -daten als «PDF-Datei» hinterlegt (anklicken auf der Eingangsseite) so, dass Interessierte nun nachvollziehen können, wie optihaus zu den einzelnen Resultaten kommt.
Nutzen Sie www.baudoc.ch/optihaus – den einfachsten Weg zum optimalen Haus!

■ www.docu.ch/optibat

Plusieurs lois cantonales sur l'énergie exigent que les sources d'énergie non renouvelables couvrent seulement 80 % des besoins énergétiques d'une habitation; les 20 % restants doivent être économisés ou bien couverts par des énergies renouvelables. Une isolation thermique améliorée répondrait davantage aux besoins du développement durable – mais un chauffage à gaz ou à mazout permet-il d'amortir ce surplus de coûts?

www.docu.ch/optibat vous permet d'observer graphiquement les déperditions et les gains de chaleur de votre habitation; en un seul clic, vous pouvez apporter des améliorations là où cela vous est le plus utile et le moins coûteux.

Après avoir saisi le prix de l'énergie et les aides financières (par exemple pour les chauffages solaires), le programme optibat vous indique différentes solutions avec leur coût total classé selon que l'isolation thermique et les différents systèmes de chauffage engendrent une diminution ou un surplus de coût.

Rendez-vous sur www.docu.ch/optibat – la façon la plus simple de planifier votre habitation!

Leserdienst/service pour nos lecteurs 147

■ Abdeckungen und Spezialanfertigungen in Edelstahl

Die Küche hat sich in der modernen Architektur etabliert, wird immer öfter direkt in den Wohnbereich integriert. Sie ist ein sinnlicher und kommunikativer Treffpunkt für Familie und Gäste geworden.

Ästhetik und Funktionalität haben deshalb an Bedeutung gewonnen. Gehen Sie bei der Umsetzung Ihrer Einrichtungs-Ideen keine Kompromisse ein und schaffen Sie sich einen Raum in dem Sie sich rundum wohl fühlen.

Mit individuellen Abdeckungen und Spezialanfertigungen in Edelstahl setzt die Suter Inox AG in Schinznach-Bad, Ihre Designvorstellungen für das Rüst- und Wasserzentrum in der Küche kompromisslos um und erfüllt Ihre Wünsche mit Leidenschaft.

Alle Abdeckungen und Spezialanfertigungen in Edelstahl werden nach Ihren Design-Vorstellungen handgefertigt. Damit verleihen Sie diesen Schmuckstücken eine ganz persönliche Note. Edelstahl inspiriert zu neuen mutigen und kreativen Gestaltungsideen. Zur einzigartigen langlebigen Ästhetik und Hochwertigkeit des Materials kommen unschlagbare funktionale Vorteile wie Widerstandsfähigkeit und Reinigungsfreundlichkeit.

■ Plans de travail et fabrications sur mesure

La cuisine s'est ouverte à l'architecture moderne, on l'intègre de plus en plus directement à l'espace résidentiel. Elle est devenue un lieu de rencontre et de communication agréable pour la famille et les invités.

Ainsi, l'esthétique et le caractère fonctionnel ont gagnés en importance. N'acceptez pas de compromis entre vos idées et la réalité. Créez-vous un espace dans lequel vous vous sentez bien.

Avec les recouvrements et fabrications sur mesure individuels en acier inox fin, de Suter Inox AG à Schinznach-Bad, réalisez avec intransigeance vos conceptions pour la surface de lavage et de préparation, et réalisez aussi vos rêves avec passion.

Tous les recouvrements et fabrications sur mesure, en acier inox fin, sont exécutés manuellement selon vos plans. Ce faisant, vous apportez une touche personnelle à cette création. L'acier inox est inspirateur d'idées ambitieuses et de réalisations créatives. A une esthétique intemporelle et à un matériau de haute qualité, s'ajoutent les avantages fonctionnels tels que la résistance et la facilité de nettoyage.

Leserdienst/service pour nos lecteurs 148

■ Dimmbare Lichtdecke

Die Folie wird, unabhängig von der vorhandenen Decke, mittels eines Randprofils montiert. Das Profil ist so konstruiert, dass eine Hinterlüftung jederzeit gewährleistet ist. Der zeitliche Aufwand ist im Vergleich zu üblichen Deckenrenovationen sehr gering.

Die Lichtdecke erfüllt nicht nur hohe Design-Ansprüche, sondern auch Anforderungen an ein angenehmes Ambiente für die Gäste. Spezielle Leuchtmittel (weiß, farbig oder wechselnde Lichtfarben) hinter der Membran, sorgen für eine gleichmäßige, flächige Ausleuchtung.

Material

Die gespannte Folie besteht aus gewalztem, cadmiumfreiem Kunststoff. Die einzelnen Bahnen werden in einem Hochfrequenz-Schweissverfahren zu Flächen verschweisst und projektbezogen zugeschnitten.

■ Plafond avec lumière réglable

Le plafond est installé indépendamment de celui existant au moyen d'un profil du bord. Le profil est conçu de telle façon qu'une aération du plafond est à tout moment garantie. Le temps consacré est minime en comparaison à un plafond conventionne.

Le plafond avec lumière réglable par variateur ne répond pas seulement à de hautes exigences en matière de conception, mais également à des exigences au niveau d'une ambiance agréable pour les hôtes. Derrière le

plafond, des luminaires spéciaux (blancs, de couleurs ou de couleurs changeantes) veillent à une illumination régulière et étendue sur toute la surface.

Matériel
La feuille tendue se compose d'une matière plastique roulée et sans cadmium. Suivant le projet, les différentes bandes sont coupées et soudées par un procédé de soudure de haute fréquence.
Leserdienst/service pour nos lecteurs 153

■ Neues Bekleidungsprofil

Die Montana Bausysteme AG ist darauf bedacht, ihre Produkte ständig weiter zu entwickeln und zu optimieren, um ihrer Kundschaft das Bestmögliche zu bieten. Die neuste Innovation der Firma ist das MONTALINE®-Bekleidungsprofil mit Kopfkantung.

Dieses Paneel mit verdeckter Befestigung ist ausschliesslich in Aluminium erhältlich. Das besondere daran: Die edle Fassadenkonstruktion für Büro- und Verwaltungsgebäude, wie auch für öffentliche Bauten ist äusserst preiswert und steht optisch und qualitativ den teureren Flachpaneel-Fassaden in nichts nach. Den Kunden steht auch hier die ganze MONTACOLOR®-Farbpalette zur Verfügung.
Bei der Wahl von MONTALINE®-Bekleidungsprofilen mit Kopfkantungen benötigen Sie keine zusätzlichen Lisenen, da die Profile seitlich abgeschlossen sind. Hierzu sind jedoch die seitlichen Abschlüsse wie Ecken und Tore, bzw. Fensterleibungen immer vorgängig auf die bestehende Unterkonstruktion im passenden Raster der gewählten Profile zu montieren.

■ Nouveaux profilés de revêtement

Montana Bausysteme AG s'efforce de développer et d'optimiser continuellement ses produits pour offrir le meilleur à sa clientèle. La dernière innovation de la maison est le nouveau profilé de revêtement MONTALINE® à arête spéciale. Ce panneau avec fixation cachée est exclusivement disponible en aluminium. Sa particularité: la construction raffinée de façades pour immeubles administratifs et bâtiments publics est très avantageuse et n'a rien à envier aux façades en panneaux plats plus onéreux, ni du point de vue optique ni qualitatif.
De plus, les clients ont à leur disposition toutes les gammes des coloris MONTANACOLOR®.
Par le choix des profilés de revêtement MONTALINE® à arête spéciale, vous n'avez plus besoin de bordures, les profilés étant fermés latéralement. En revanche, les fermetures latérales ainsi que les angles et portes ou embrasures de fenêtres doivent être montées au préalable, sur la sous-construction et selon la trame adaptée aux profilés choisis.
Leserdienst/service pour nos lecteurs 149

■ TITANIUM LINE by Bauknecht

Mit der TITANIUM LINE stellt Bauknecht eine Gerätelinie in exklusivem Titan vor, die nicht nur Designliebhaber begeistert. Das massive Edelmetall Titan hat ideale Eigenschaften, die im täglichen Gebrauch von Küchengeräten viele Vorteile bieten: Es ist kratzfest, hitzeresistent, alterungsbeständig, pflegeleicht und unempfindlich gegen Fingerabdrücke.

Titan – das perfekte Material
Seinen Ruf als hochwertiger Werkstoff hat sich Titan mehr als verdient: So wird das Edelmetall überall dort verwendet, wo die Anforderungen an das Material extrem hoch sind: in der Luft- und Raumfahrt, beim Motorsport aber auch in der Medizinaltechnik. Titan ist – im Gegensatz zu Edelstahl – im direkten Kontakt ein warmes Material. Es ist trotz geringerem Gewicht erheblich härter und fester als Stahl und um ein Vielfaches widerstandsfähiger als das relativ weiche Aluminium.

Einfach schön – schön einfach
Dank der Beständigkeit einerseits und der edlen Erscheinung andererseits hat Titan bei Uhren und Schmuck schon lange seinen festen Platz. Ab sofort erobert es auch die Welt der Küchen und ist eine echte Alternative zur silbrigen Optik von Edelstahl. Die dunkle, samtige und warme Front der Bauknecht-Geräte fügt sich harmonisch in Fronten unterschiedlicher Farben und Materialien. Hinter dem schlichten und gleichzeitig eleganten Aussehen der TITANIUM LINE verbirgt sich Technologie der Extraklasse – für maximale Funktionalität und hohen Komfort in der Küche.

■ TITANIUM LINE by Bauknecht

Avec TITANIUM LINE, Bauknecht propose une gamme d'appareils de cuisine en prestigieux titane, qui ne ravira pas que les fans de design. Métal précieux massif aux propriétés idéales, le titane dote de multiples avantages les appareils soumis à un usage quotidien: résistance aux rayures et à la chaleur, longévité, facilité d'entretien et surfaces toujours vierges de traces de doigts.

Titane – le matériau parfait
Le titane a plus que mérité son renom de matériau industriel d'exception. Ce métal noble résiste aux sollicitations les plus élevées: vol aéronautique et spatial, sport motorisé, ou technique médicale, entre autres. Contrairement à l'acier fin, le titane offre un chaleureux contact. Plus léger, il s'avère notablement plus dur et robuste que l'acier et bien plus résistant que l'aluminium relativement mou.

Beauté simple – simplement belle
Métal précieux, le titane doit à sa résistance et à son prestigieux attrait sa déjà longue et indéfectible adoption en horlogerie et bijouterie. Il conquiert aujourd'hui l'univers culinaire, en alternative prioritaire de l'acier fin argenté. Gris, discrets et chaleureusement veloutés, les appareils Bauknecht s'insèrent harmonieusement dans les linéaires de couleurs et matériaux les plus divers. Sobrement élégante, la TITANIUM LINE recèle une technologie de classe exceptionnelle pour le maximum de confort fonctionnel en cuisine.
Leserdienst/service pour nos lecteurs 150

■ Neue, taghelle Nutzung für Untergeschosse in Hanglagen

Mit dem Tageslichttransportsystem der Firma Heliobus, 9030 Abtwil werden in den am Gebäude bestehenden Lichtschacht begehbare Spiegelmodule eingebaut. So gelangen das 10- bis 20fache an Tageslicht und sogar Sonnenstrahlen in den Kellerraum. Der Raum lebt jetzt mit der Tageszeit und es verbreitet sich ein natürliches Wohlgefühl. Dank der raffinierten Verspiegelung kann sich der Bewohner am Blickkontakt zur Aussenwelt erfreuen. Die Abdeckung auf dem Lichtschacht erhöht zugleich den Einbruchschutz und hält Laub und Schmutz zurück. Das Haus hat an Raum gewonnen und ist indirekt grösser geworden.

■ Utilisation de sous-sols avec la lumière du jour

Grâce au système de transport de la lumière du jour de la maison Heliobus, 9030 Abtwil, des modules à miroirs, praticables, sont insérés dans les sauts-de-loup existant des immeubles. Ainsi, la lumière est multipliée par 10 ou 20 et même les rayons du soleil parviennent dans les locaux de la cave. La pièce vit alors avec l'heure du jour et il y règne une atmosphère agréable. Même le contact visuel avec le monde extérieur réjouit les habitants. Le recouvrement sur le saut-de-loup augmente simultanément la sécurité contre l'effraction et retient les feuilles mortes et la saleté. La maison a augmenté de surface, devenant indirectement plus grande.

Leserdienst/service pour nos lecteurs 151

DOCU AG
Schweizer Baudokumentation
4223 Blauen
Tel. 061 765 82 82
Fax 061 765 82 83
baudoc@baudoc.ch
www.baudoc.ch

Inhalt, Autoren- und Namenregister

Editorial – Grossstadt und Föderalismus: Stadtplanung aus offizieller Sicht: Kathrin Martelli, Franz Eberhard und Peter Ess im Gespräch mit *Hubertus Adam, J. Christoph Bürkle* und *Judit Solt* – Zürich S/M/L/XL: Zur Notwendigkeit übergeordneter Entwicklungsstrategien, *Alain Thierstein* – Gebremste Grossstadt: Zürichs Stadtplanung im 20. Jahrhundert, *Daniel Kurz* – Auf dem Weg zu einem roten Zürich? Wohnbaugenossenschaften in der Stadt Zürich, *Axel Simon* – Zwischen Metropolis und Arkadien: Ein Blick von aussen auf Zürich, *Kees Christiaanse* – Kontrastverstärkung in der Agglomeration: Marcel Meili im Gespräch mit *Hubertus Adam* – Die Stadt als Marke: Planung und Architektur im Dienst des *city branding, Thomas Kovári* – Auf der Suche nach der Sihlstadt: Zur städtebaulichen Entwicklung in Zürich Süd, *Benjamin Muschg* – Arealplanungen versus Stadtbild: Zürich West – eine Zwischenbilanz, *Michael Hanak* – Die Lust am Scheitern: Ein neues Kongresszentrum für Zürich, *J. Christoph Bürkle* – Traductions: A la recherche de la ville de la Sihl: Le développement urbain à Zurich-Sud, *Benjamin Muschg* – Artengo Menis Pastrana: Palacio de Congresos Teneriffa Sur, 2005, *Ilka et Andreas Ruby*

Rubriken: Architektur aktuell: Artengo Menis Pastrana: Palacio de Congresos Teneriffa Sur, 2005, *Ilka und Andreas Ruby* – EM2N: Erweiterung Einfamilienhaus, Greifensee, 2004, *Judit Solt* – Buchrezensionen: Elke Dittrich: Ernst Sagebiel: Leben und Werk (1892–1979), *Robert Kaltenbrunner* – Georg Mörsch: Denkmalverständnis. Vorträge und Aufsätze 1990–2002, *Robert Kaltenbrunner* – Neues aus der Industrie – Schweizer Baudokumentation – Jahresregister – Lieferbare Hefte – Vorschau

Autorenregister

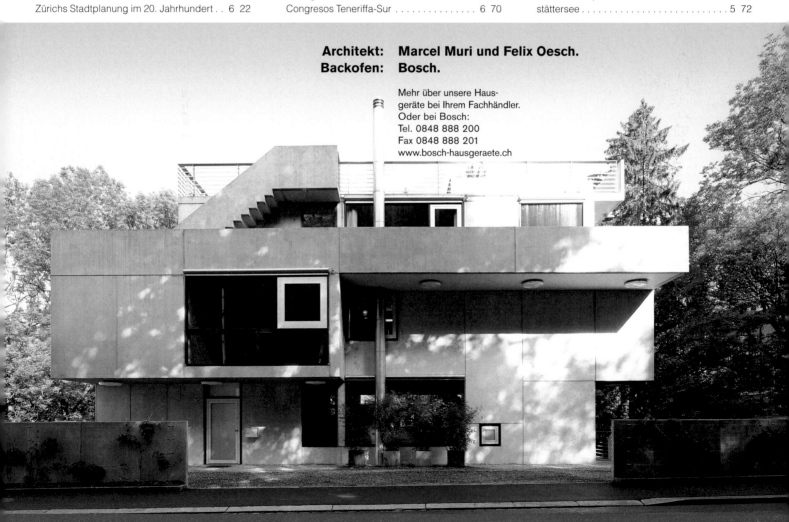

Namenregister

LIEFERBARE THEMENHEFTE
NUMÉROS ENCORE DISPONIBLES

**Bestellungen von Einzelheften
zu CHF 28.– + Porto mit beiliegender
Bestellkarte
Ältere Jahrgänge auf Anfrage unter
Telefon +41 (0) 71 644 91 11**

Impressum

Herausgeber – Publié par
Verlag Niggli AG
Verband freierwerbender Schweizer Architekten FSAI

Redaktion – Rédaction
J. Christoph Bürkle (Leitung), Hubertus Adam,
Judit Solt

**Redaktionskommission –
Commission de rédaction**
Marc Angélil, Stefan Jauslin, Gerhard Mack

Layout – Layout
Bernet & Schönenberger, Zürich

Übersetzung – Traduction
Anne und Christian Klauser

Korrektorat – Correction
Miriam Seifert-Waibel

Redaktionsadresse – Adresse de rédaction
archithese, Schöntalstrasse 27, CH-8004 Zürich
Telefon 044 242 10 21, Telefax 044 242 10 22
Email redaktion@archithese.ch

**Herstellung und Druck –
Fabrication et impression**
Heer Druck AG, Grafisches Druckzentrum, Sulgen

**Anzeigenverkauf und Promotion –
Annonces et promotions**
Etzel-Verlag AG
Knonauerstrasse 56, CH-6330 Cham/ZG
Telefon 041 785 50 85, Telefax 041 785 50 88
Email andreas.hess@etzel-verlag.ch
Anzeigenleitung: Andreas Hess

**Verwaltung, Abonnentenservice
und Einzelverkauf –
Administration, service pour les abonnés**
archithese Verlagsgesellschaft mbH
Steinackerstrasse 8, CH-8583 Sulgen
Telefon 071 644 91 11, Telefax 071 644 91 90

Abonnementpreise – Prix de l'abonnement
Jahresabonnement: Inland CHF 148.–
Ausland CHF 159.–/EUR 97,–
für Studenten: Inland CHF 115.–
Ausland CHF 124.–/EUR 76,–

Einzelverkaufspreis – Prix numéro
CHF 28.–, EUR 18,– (+ Versandspesen)
Einzelhefte sind über den Buchhandel
oder den Verlag erhältlich

archithese erscheint sechsmal jährlich
in umfangreichen Themennummern
jeweils zu Beginn der geraden Monate

www.archithese.ch

Offizielles Organ der FSAI,
Verband freierwerbender Schweizer Architekten
Fédération Suisse des Architectes Indépendants
Federazione svizzera degli architetti indipendenti
Zentralpräsident Urs Keiser

SCHWEIZER
BAU
DOKUMENTATION
Schweizer Baudokumentation, 4223 Blauen

ISBN 3-7212-0514-6
ISSN 1010-4089

Swiss Performance 06

Nun schon zum sechsten Mal präsentiert *archithese* den mittlerweile traditionellen Jahresrückblick auf das Schweizer Architekturschaffen. Zur Diskussion gestellt werden gelungene, inspirierende, kontroverse, ansprechende, berühmte und unbekannte Bauten, die im Jahr 2005 in der Schweiz oder von Schweizer Architekturbüros fertig gestellt worden sind. Wichtigstes Auswahlkriterium ist auch in diesem Jahr die gestalterische Qualität – unterschiedliche Bautypen und Massstäbe sind vertreten. Die Vielfalt der Entwurfshaltungen belegt eindrücklich, dass die Alleinherrschaft der Schweizer Kiste längst vorbei ist.

Jenseits aller Zwänge der Realisierbarkeit stellt die Rubrik *swiss unlimited* visionäre Projekte junger Architektinnen und Architekten zur Diskussion.